E. Zürk

100.—

Ursula Avé-Lallemant

Der Wartegg-Zeichentest in der Lebensberatung

Ursula Avé-Lallemant

Der Wartegg-Zeichentest in der Lebensberatung

Mit systematischer Grundlegung
von August Vetter

**Zweite, erweiterte Auflage
Mit 69 Abbildungen**

Ernst Reinhardt Verlag München Basel

Die Deutsche Bibliothek – CIP-Einheitsaufnahme

Der **Wartegg-Zeichentest in der Lebensberatung** / Ursula Avé-Lallemant. Mit systematischer Grundlegung von August Vetter. - 2., erw. Aufl. - München ; Basel : E. Reinhardt, 1994
  1. Aufl. u.d.T.: Der Wartegg-Zeichentest in der Jugendberatung
  ISBN 3-497-01330-7
NE: Avé-Lallemant, Ursula; Vetter, August

© 1994 by Ernst Reinhardt, GmbH & Co, München.

Dieses Werk einschließlich aller seiner Teile ist urheberrechtlich geschützt. Jede Verwertung außerhalb der engen Grenzen des Urheberrechtsgesetzes ist ohne schriftliche Zustimmung der Ernst Reinhardt, GmbH & Co, München, unzulässig und strafbar. Das gilt insbesondere für Vervielfältigungen, Übersetzungen in andere Sprachen, Mikroverfilmungen und die Einspeicherung und Verarbeitung in elektronischen Systemen.

Printed in Germany

Inhalt

Vorworte zur ersten und zweiten Auflage 7

Einführung und Übersicht 9

Erscheinungswissenschaftliche Auswertung des
 Wartegg-Zeichentests (von *August Vetter*) 15

Der Wartegg-Zeichentest bei Kindern und
 Jugendlichen 33

Zwanzig Test-Beschreibungen 69

Ein kombinierter Testsatz
 (WZT, SWT, BT, FT, Handschrift) 145

Beispiele aus verschiedenen Anwendungsgebieten .. 156

Hinweise zu den Abbildungen 185

Register der Symbole 185

Register der Stricharten 187

Für
Hedi Vetter

Vorwort

Der Wartegg-Zeichentest ist mir zum ersten Male 1952 zu Gesicht gekommen, als Aufnahmetest in Hamburger Oberschulen – damals nach dem 6. Grundschuljahr. Bei dem Vergleich einer großen Menge von Tests 12jähriger Kinder mit deren Handschriften wurde mir eindringlich klar, was für ein wertvolles Diagnostikum für die Jugendberatung wir mit diesen Ausdrucksbildern hätten, wenn wir sie über die Auslese hinaus für die Lebensberatung verwenden würden.

Schon wenig später hatte ich Gelegenheit, den Wartegg-Zeichentest einige Semester lang bei *August Vetter* in dessen Münchener Universitäts-Seminaren zu studieren, und seit 1955 wende ich ihn regelmäßig in Kombination mit der Handschrift und anderen graphischen Tests in der Jugendberatung an.

Dieses Buch ist aus der Beratungspraxis entstanden. Die Diagnosen konnten durch die jeweilige Anamnese überprüft werden, so daß hier an erhärteten Aussagen aufgezeigt werden kann, wie ergiebig und vielseitig der WZT für die Jugendberatung ist. Vermutlich ist der Ertrag projektiver Tests bei Jugendlichen dadurch besonders reich, daß der Zugang zur Tiefenpsyche bei jungen Menschen noch leichter erreichbar ist, wie auch begleitende Träume bewiesen, die hier nicht mitgeteilt werden.

August Vetter hatte seine in Jahrzehnten der Forschung, Beratung und Lehrtätigkeit gereifte Konzeption nicht in einem Lehrbuch niedergelegt. Auf meinen Vorschlag, dies noch zu tun, erklärte er sich für zu alt; er würde mir jedoch gern einen Text schreiben, wenn ich ihn in meine eigene Publikation einbauen wolle. Das war im Jahre 1972.

Ich bin glücklich, mein Buch auf der Basis der Theorie *August Vetters* heute vorlegen zu können. Möge es vor allem der Lebensberatung dienen, die ihm so sehr am Herzen lag. Ich schließe mit einem Dank an ihn und widme das Buch seiner Tochter Hedi, die ihm die Arbeit bis ins hohe Alter ermöglicht hat.

Bärenhang, Februar 1978 *Ursula Avé-Lallemant*

Vorwort zur zweiten, erweiterten Auflage

Diese zweite Auflage meines Buches *Der Wartegg-Zeichentest in der Jugend-Beratung* erscheint in erweitertem Umfang und unter einem neuen Titel.

   Die Ergänzungen betreffen Tests nun auch von Erwachsenen. Sie stammen aus verschiedenen Anwendungsgebieten, in denen der WZT sich bewährt hat, besonders auch im Rahmen der Kleinen Graphischen Testbatterie zusammen mit Baumtest, Sterne-Wellen-Test und Handschrift. Es sind vor allem die Lebensberatung, die Psychotherapie, die klinische Diagnose etwa bei Rehabilitationspatienten und geistig Behinderten und die Anwendung bei Straftätern in Haftanstalten. Weiter veranlaßten mich gelegentliche Fragen, von welchem Alter an man den Test verwenden könne, auch einige Beispiele aus dem Vorschulalter einzufügen; erfahrungsgemäß ist der WZT etwa vom 5. Lebensjahr ab ergiebig.

   Ich wünsche der Zweitauflage des Buches einen verständnisvollen Leserkreis. Der breiteren Lehrbasis wegen ist der Titel jetzt: *Der Wartegg-Zeichentest in der Lebensberatung.*

München, Februar 1994 *Ursula Avé-Lallemant*

Einführung und Übersicht

Der Wartegg-Zeichentest (WZT) wurde in den Dreißiger Jahren von *Ehrig Wartegg* entwickelt.[1] *August Vetter,* der damals in Leipzig arbeitete und *Wartegg* kollegial verbunden war, benutzte den gleichen Test in erscheinungswissenschaftlicher Ausdeutung kombiniert mit der Handschriftdiagnose, vor allem für die Psychotherapie und Lebensberatung.[2] Der Vorzug dieser kombinierten Auswertung liegt in der gegenseitigen Ergänzung von Bilddeutung und Schriftinterpretation. Das ermöglicht eine besonders breite Erfassung der Gesamtpersönlichkeit. Nach dem Kriege lehrte *Vetter* seine Konzeption in Vorlesungen und Seminaren der Münchener Universität. Eine Buchveröffentlichung über den WZT in erscheinungswissenschaftlicher Auswertung erschien 1953 von *Maria Renner,* die sich auf *August Vetter* bezog.[3]

Mein persönliches Interesse ist es, diesen ergiebigen Test besonders für die Jugendberatung nutzbar zu machen. Die systematischen Grundlagen habe ich dabei von *August Vetter* voll übernommen. Ich verwende den WZT seit vielen Jahren in der Kombination mit dem Baum-Test, dem von mir selbst entwickelten Sterne-Wellen-Test, bei jüngeren Kin-

---

[1] *Ehrig Wartegg:* › Gestaltung und Charakter ‹, in: Zeitschrift für angewandte Psychologie, Beiheft 84, 1939; Ders.: › Schichtdiagnostik. Der Zeichentest ‹, Göttingen 1953.
[2] *August Vetter:* › Diagnostische Erfahrungen mit dem Wartegg-Test ‹, in: Grenzgebiete der Medizin I/6, Dezember 1948, S. 241-245; › Der Ausdrucksgehalt von Handschrift und Zeichnung ‹, in: Die Neue Zeitung Nr. 245, Oktober 1951 (entsprechend auch in › Die Zeichensprache von Schrift und Traum ‹, Freiburg-München 1970, S. 113 ff.); › Warteggtest und Schriftanalyse ‹, in: Zeitschrift für Menschenkunde XXXVI/2, 1972, S. 281-292.
[3] *Maria Renner:* › Der Wartegg-Zeichentest im Dienste der Erziehungsberatung. Nach der Auswertung von Vetter ‹, Basel 1953.

dern mit der Tier-Familie und immer mit der Handschrift.[4] Alle diese Ausdrucksbilder werden sowohl in symbolischer als auch graphologischer Hinsicht ausgewertet. Die Handschrift ist dabei insofern eine gewisse Ausnahme, als sie im allgemeinen nicht Symbole, sondern › Ausdrucksgebärden ‹ neben den sonstigen graphischen Kategorien zeigt.[5] Gerade die Schrift gibt uns aber auch deutliche Hinweise auf Begabungen, Belastbarkeit und Persönlichkeitsreife; Auskünfte, die für Beratung und Therapie so wichtig sind.

Der Wartegg-Zeichentest ist ein projektiver Gestaltungstest im graphischen Ausdrucksbereich. Die unbewußten seelischen Gehalte werden hier nicht frei projiziert, wie etwa in Träumen, sondern provoziert durch Anmutungscharaktere. Beim WZT sind das die in den acht Feldern vorgegebenen Zeichen, deren Anmutungsqualitäten aufgenommen und zeichnerisch entsprechend weitergeführt werden sollen. Diese Standardisierung ermöglicht eine Vergleichbarkeit der Aussagen verschiedener WZT's. Dadurch daß hier die provozierte Aussage nicht verbal erfolgt, wie etwa im Rorschach-Test, sondern in der graphischen Ausführung erscheint, kann der WZT auch graphologisch ausgewertet werden. Das gibt ihm einen zusätzlichen diagnostischen Wert. Wie alle graphischen Tests läßt der WZT im Unterschied zu den Leistungstests einen relativ weiten Spielraum für die Ausführung und ermöglicht daher vielseitige Aussagen. Die vorgegebenen Zeichen in den acht Feldern sind wohl durchdacht so entworfen, daß sie verschiedene Be-

---

[4] Vgl. meine Veröffentlichungen › Graphologie des Jugendlichen I ‹, München 1970; › Baum-Tests ‹, Olten-Freiburg 1976; › Kinder zeichnen ihre Eltern ‹, Olten-Freiburg 1976; › Das »Unbewußte« im Ausdruck von Schrift und Zeichentest ‹, in: Zeitschrift für Menschenkunde XXXIV/1-2, 1970, S. 233-254 und Schweizer Erziehungsrundschau XLVII/10, 1975, S. 296-320; › Graphologische Forschungsergebnisse zur Jugendkrise ‹, in: Zeitschrift für Menschenkunde XXXVII/4, 1973, S. 296-320; › Identitätsdiffusion und Schulversagen ‹, ebd. XL/2, 1976, S. 275-290; › Familiendynamik einer jugendlichen Borderline-Patientin im psychologischen Test ‹, in: Dynamische Psychiatrie IX/6, 1976, S. 420-432.
[5] Näher ausgeführt in meiner Abhandlung › Graphologie, Charakterologie und personale Anthropologie ‹, in: Zeitschrift für Menschenkunde XXXI/4, 1967.

reiche der Persönlichkeit ansprechen. Die Breite des schwarzen Rahmens um die Felder ist bewußt so gewählt worden, daß Einzelbilder erlebt werden, ohne sie aus dem Ganzen herauszulösen.

Dies Buch soll wie das vorausgehende über › Baum-Tests ‹ und das noch folgende über den › Sterne-Wellen-Test ‹ vor allem anhand von Beispielen aus der Praxis die Spannweite der Möglichkeiten graphischer Ausdrucksdiagnostik zeigen. Es soll einen Einblick in das praktische Vorgehen ermöglichen und dabei zugleich den theoretischen Hintergrund sichtbar werden lassen.

Die allgemeine Einführung in den WZT im ersten Teil des Buches konnte nicht besser geschehen als durch den Originalbeitrag *August Vetters*. Im Anschluß daran gehe ich in einem eigenen Abschnitt auf Besonderheiten des WZT für die Jugenddiagnostik ein.

Im zweiten Teil des Buches werden dann paradigmatisch zwanzig Tests aus meiner Praxis präsentiert und interpretiert, jeweils gefolgt von einigen kurzen Bemerkungen zur Anamnese. Die Tests sind dem Alter nach geordnet. Zum Schluß wird gezeigt, wie ein WZT im Zusammenspiel mit den anderen graphischen Tests und der Handschrift als Grundlage für eine Beratung dienen kann.

Die Auswertung des Tests erfolgt nach mehreren Fragestellungen, deren Beantwortung unterschiedliche Ansprüche an den Diagnostiker stellt. Es gibt zwei Gruppen, in denen lediglich Fakten festgestellt werden. Ob ein Zeichen seinem formalen Charakter entsprechend bogig oder gerade aufgenommen und fortgeführt worden ist oder nicht, sieht man ohne Schulung und Erfahrung. Ebenso ist es nicht schwer, die Darstellung als Form-, Sach-, Bild- oder Sinnlösung einzuordnen. Eine weitere Gruppe von Kriterien, die der Stricharten, ist für einen im Sehen von Qualitäten nicht Unbegabten leicht zu üben. Eine andere dagegen setzt ein hohes Wissen um das psychische Erleben des Menschen voraus, ebenso viel Verständnis für die Bedeutung von Symbolen, das nicht ohne Erfahrung zu erlangen ist. Und schließlich ist die letzte Aufgabe, die der Kombination und Synthese, wie jede psychologische Arbeit erfolgreich nur vom Könner zu bewältigen.

Die Auswertungen, die ich in diesem Buch als Beispiele bringe, habe ich entsprechend dieser fünf Gruppen geordnet und mit römischen Ziffern gekennzeichnet. Um die beiden vergleichsweise leicht faßbaren Gruppen zu Beginn der Auswertung vorwegzunehmen, habe ich nach der Betrachtung der *formalen Zeichencharaktere* (I) die *formale Einordnung der Darstellungen* an zweiter Stelle gebracht (II), während *August Vetter* sie in seiner Einführung erst nach der inhaltlichen Auswertung bringt. Die diagnostisch schwierigste Gruppe, aber die zentrale und ergiebigste, ist die der *inhaltlichen Antworten* (III). Sie erfordert eine Interpretation von Symbolen als Ausdruck tiefenpsychischer Erlebnisgehalte. Symbole sind mehrsinnig auslegbare › Hinweise ‹, die uns im Kontext der übrigen Bilder und anderer diagnostischer Möglichkeiten den Weg zur Beratung oder Therapie weisen können. Der Beratende muß sich dieser Komplexität immer bewußt bleiben.[6] Diese Hinweise sind jedoch deshalb so wertvoll, weil sie in sonst unerreichbare Tiefen der menschlichen Seele loten, die dem Ratsuchenden meist selber fremd und unerschlossen bleiben. Die *Stricharten* (IV) lassen die Dominanzen seelischer Haltungen und Störungen erkennen. Ich habe sie schon in meinem Buch › Baum-Tests ‹ zusammengestellt und an 55 Baumzeichnungen erläutert. Sie sind bei allen graphischen Tests und auch in der freien Zeichnung vorfindbar und daher von besonderer diagnostischer Bedeutung. Abschließend (V) folgt die *Zusammenschau der Ergebnisse,* und zuletzt werden Stichworte zur Anamnese angegeben.

Die Auswertung des WZT sollte in der Praxis nicht starr und nach einem Schema erfolgen. Die Gruppen müssen nicht streng eingehalten werden, die Gesichtspunkte können auch

---

[6] Zum Problem der Symboldeutung vgl. Vorwort und Einführung zu meinem Buch › Baum-Tests ‹, a.a.O.

zusammen abgehandelt oder umgestellt werden. Jeder einzelne Test schreibt die für ihn günstigste Arbeitsweise selbst vor. Im folgenden Text ist aber aus didaktischen Gründen fast immer der angegebene Weg der Auswertung eingehalten worden.

Bei der Anwendung des WZT bei Jugendlichen sei besonders auf die Problematik der Lebensphase hingewiesen. Ich habe die Phasen anhand von Schülerschriften in großer Breite untersucht und bestätigt gefunden.[7] Alle Tests von Jugendlichen müssen phasenspezifisch ausgewertet werden. Eine Testzeichnung, die beim Erwachsenen auf eine Psychose hinweist, kann in der Jugendkrise einen normalen Umbruch anzeigen.[8] Das heißt nicht, daß der Jugendliche jetzt weniger der sorgenden Aufmerksamkeit bedarf als ein psychotischer Erwachsener; weil jedoch die Ursache seines Zustandes eine andere war, wird auch die Beratung anders ansetzen müssen. Der Jugendliche geht bei der Umstellung aus den alten Bindungen der Kindheit mit ihren überkommenen Normen zu neuen, aus eigenem Bekenntnis zu suchenden Werten durch eine Krise innerer Unsicherheit. Er ist auf der Suche nach seinem eigenen Weg. Gerade in tiefster Ratlosigkeit ist er jedoch oft besonders ansprechbar, und hier liegt eine große Chance für die Beratung auf der Basis von Ausdruckstests: in den Händen eines erfahrenen Beraters können sie dem suchenden Menschen dazu verhelfen, einen Dialog mit sich selber, mit seinem eigenen Unbewußten einzuleiten. Der Berater wird ihn dabei nicht aufgrund bloßer Vermutungen leichtfertig beeinflussen, sondern ihm das im Test Ersichtliche behutsam in einer Weise vermitteln, daß er es selber in dem Maße aufnehmen kann, wie er reif dafür ist.

Dies Buch wendet sich besonders an Erzieher, Berater und Therapeuten. Damit es auch zur systematischen Einübung in

---

[7] › Graphologie des Jugendlichen I ‹, a.a.O.; › Die Längsschnittanalyse der Jugendhandschrift und ihre Ergebnisse für die Schriftpsychologie ‹, in: Zeitschrift für Menschenkunde XXXVII/1-2, 1973, S. 78-104; › Graphologische Forschungsergebnisse zur Jugendkrise ‹, a.a.O.
[8] Vgl. z.B. unten S. 96 ff. den Text IX.

das Sehen und in die Interpretation verwendet werden kann, habe ich Register angefügt, welche die Symbole und Stricharten zusammenstellen, die in den Testbildern vorkommen. – Die Abbildungen, die *August Vetter* seinem Text beigegeben hat, mußten nach Reproduktionen der Originale wiedergegeben werden. In die für Übungen bestimmten Register sind deshalb nur die Abbildungen aus meiner Praxis aufgenommen worden, für die Originaltests zur Verfügung standen. – Einige technische Hinweise zu den Abbildungen findet der Leser ebenfalls am Schluß des Buches.

Erscheinungswissenschaftliche Auswertung des Wartegg-Zeichentests

von August Vetter

Unter den graphischen *Gestaltung*stests nimmt der Zeichentest von *E. Wartegg* insofern eine beachtliche Sonderstellung ein, als er (in acht umrandeten Feldern) unterschiedliche *Zeichen* darbietet, die zur zeichnerischen Fortführung anregen sollen *(Abb. 1)*. Ihre jeweilige Eigenqualität spricht also vorab die sensorische »Auffassung« an, die bei der diagnostischen Auswertung gesondert zu prüfen ist und den ersten Maßstab für die Beurteilung der *Einfälle* liefert, die durch die Anmutung der vorgegebenen Anfänge zumeist unbewußt ausgelöst werden und daher angemessen beantwortet oder unberücksichtigt geblieben sein können.

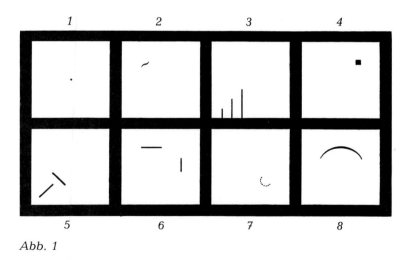

Abb. 1

In dieser Hinsicht besitzt der Zeichenbogen von *Wartegg* eine gewisse Ähnlichkeit mit der »Schreibvorlage«, an deren optisch wahrnehmbaren Buchstabenformen die manuell ausgeführte Handschrift erlernt wird, und die als »Norm« auch die Übereinstimmungen oder Abweichungen charakterologisch zu deuten erlaubt.[9]

Durch die Vorschaltung der von *Wartegg* intuitiv ausgewählten Anfänge wird eine methodische Geschlossenheit des Deutungsverfahrens ermöglicht, wie sie wohl kein anderer Auffassungs- oder Gestaltungstest aufweist.

1. Generelle Eigenart der vorgegebenen Zeichen

In den vier Randfeldern 1 und 2 sowie 7 und 8 sind *bogige* Anfänge vorgegeben (zu ihnen gehört auch als Grenzfall der »Punkt« in Feld 1); die vier Binnenfelder 3-6 weisen dagegen *gerade* Linien auf (einschließlich des »Quadrats« in Feld 4). Verstehbarerweise weckt die erste Gruppe vorwiegend »lebensnahe« Vorstellungen, während die zweite eher »gegenständliche« Einfälle hervorruft. Ihr qualitativer Gegensatz erinnert nicht zufällig an die bedeutsamen Bindungsarten von Bogen und Winkel in der Handschrift.

Wo diese Grundmerkmale der vorgegebenen Zeichen im WZT in der Ausgestaltung durchgängig beachtet sind, darf auf empfindsame Offenheit für Umwelteindrücke geschlossen werden. Bei Ausnahmefällen ist zu fragen, in welchem Feld sie auftreten. Bleiben sie gänzlich unverwertet, läßt sich dominante Subjektivität vermuten, die zur »Projektion« der eigenen Verfassung in die Außenwelt oder in fremde Wesensart neigt.

Wie hervorragend die unterschiedliche Anmutung der gerundeten und der geraden Vorzeichen bei sensibler Anlage verspürt werden kann, sei am Beispiel eines vielseitig begabten Oberschülers *(Abb. 2)* veranschaulicht. Nur die Felder 1, 2 und 7, 8 bringen lebendige Motive, während in 3-6 ebenso ausschließlich dingliche Objekte wiedergegeben werden. Die darin sich bekundende Aufgeschlossenheit des Empfin-

---

[9] Vgl. dazu: › Die Zeichensprache von Schrift und Traum ‹, Freiburg-Breisgau 1970, I, 5. Abschnitt: Diagnostik von Zeichnung und Handschrift.

Abb. 2

Abb. 3

dens wird durch die zarte und sorgfältig konturierende, aber auch etwas kraftlose Strichführung bestätigt.

Von einem schulisch unterdurchschnittlich veranlagten Botenjungen stammt das erstaunliche Gegenbeispiel *(Abb. 3)*, das zwar vergleichbaren Phantasiereichtum bezeugt, aber von den vorgenannten beiden Anfangszeichen nur teilweise Notiz nimmt, obwohl sie insgesamt gut in die Zeichnungen eingearbeitet sind. Nicht beschauliches Verweilen, sondern dranghaft stürmische Bewegtheit spricht aus fast allen Lösungen und kennzeichnet die vorwaltende Eigenart des Urhebers. Die kindliche Schriftprobe läßt davon kaum etwas erkennen, doch stimmt mit ihr die wechselnde Stärke des tonig warmen Striches und das Bedürfnis nach kräftiger Schattierung im Zeichentest überein.

2. Anmutung der Einzelzeichen

Zur Einübung der diagnostischen Interpretation des WZT ist sodann ratsam, das Augenmerk auf die Sonderanmutung jedes Einzelzeichens zu richten. Ihr anregender Einfluß auf die zeichnerische Gestaltung läßt sich den Buchstabenformen der Schreibvorlage vergleichen, die bei der Handschrift individuell abgewandelt werden.

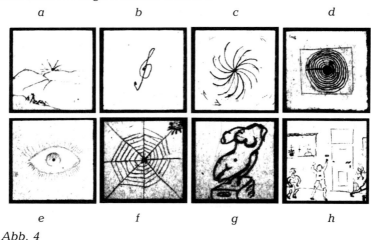

Abb. 4

Das *Feld 1* gewinnt seine Bedeutung aus dem vorgegebenen »Mittelpunkt«, der in die Fortführung einzubeziehen ist. Wie verschieden seine Auffassung sein kann, sollen die insgesamt angemessen ausgestalteten Beispiele der *Abb. 4* vergegenwärtigen.

An der »Landschaft« *(a)* ist bemerkenswert, daß sie den schwarzen Punkt überraschend in eine »Sonne« umdeutet, was erfahrungsgemäß bei enthebender, kindlicher oder religiöser Grundeinstellung zuweilen geschieht. – Der »Violinschlüssel« *(b)* stellt eine formal abstrahierende Antwort ästhetischer Art dar, die unwillkürlich auf musikalisches Interesse hinweist. – Das »rotierende« Gebilde *(c)* versetzt den ruhenden Punkt in Bewegung und deutet seelische Unrast an. – In der »Zielscheibe« mit dem Pfeil *(d)* bekundet sich gespannte Willenshaltung und sachliche Vorstellungsweise.

Den stärksten Kontrast dazu bildet das geöffnetet »Auge« *(e)*, das ausgeprägt pathische Eindrucksempfängnis enthüllt. – Abgeschwächt und mit introversem Akzent ist sie auch der »Spinne mit Netz« *(f)* eigentümlich, wo die lockere Strichführung ebenso wie im vorangestellten Feld dem gewählten Motiv entspricht. – Eine Ausnahme ist der von künstlerischer Begabung zeugende »weibliche Torso« *(g)*, dessen kräftige Strichart zugleich vitale Frische und Unbefangenheit erkennen läßt. – Ebenfalls unalltäglich darf die humorige Scene der Lausbuben heißen, die auf einen »Klingelknopf« *(h)* drücken und darin launiges Temperament zum Ausdruck bringen.

Dem Anfangszeichen des *Feldes 2 (Abb. 5)* eignet schwungvolle »Bewegtheit«; außerdem wirkt seine raumsymbolische Stellung links oben mit auf die Einbildungskraft ein und unterstreicht das Merkmal des Schwebens. Beide Momente sind bei der Auswertung des Einfalls zu beachten.

Die erste Lösung *(a)* bringt eine »mikroskopische« Aufnahme und betont die Kleinheit wie die Lebendigkeit der Vorgabe, die im übrigen lediglich variiert und umrandet wird. Das Übergewicht des sensorischen Bemerkens unterbindet die eigentliche Gestaltung. – Das folgende Beispiel *(b)* soll ein »Ornament« darstellen, doch dazu fehlt ihm die ästhetische Kraft und Geschlossenheit. – Eine Tendenz zu abstrakter Vorstellung spricht sich in der Ergänzung des Anfangs-

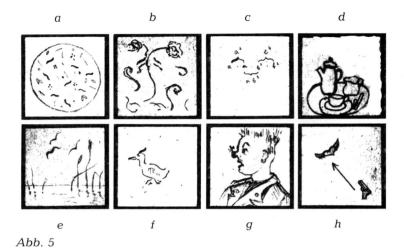

Abb. 5

zeichens zur »Formel« *(c)* aus. – Das »Kaffeegeschirr« *(d)* spiegelt symptomatisch häusliche Umwelt und gegenständliche Auffassung.

In der folgenden »Landschaft« *(e)* setzt sich wieder atmosphärische Beeindruckbarkeit durch; hier ist die Beschwingtheit des Vorzeichens ausgezeichnet berücksichtigt. – Eine physiognomische Lösung bietet die »Ente« *(f)*, wobei der abgesetzt konturierende, sichere Strich aufschlußreich ist. – Die mimische »Karikatur« *(g)* mit der fliegenumsummten Nase läßt als Anlage unbeschwerte Gefühlslebhaftigkeit vermuten. – Dagegen verrät die Symbolik des beflügelten »Herzens« und seiner Bedrohung durch den »Revolver« *(h)* unverkennbar einen affektgeladenen Kernkonflikt.

Den senkrechten Strichen des *Feldes 3 (Abb. 6)* wohnt ein Anreiz zur »Steigerung« inne, der vom Zeichner aufgenommen oder abgewehrt werden kann. Dem entspricht die Anbringung des Zeichens links unten. Die Beantwortung vermag insbesondere Aufschluß über die Ausgeprägtheit zielgerichteten Strebens zu geben.

Diesen Zeicheneindruck nimmt der »Kran« *(a)* ausgesprochen sachlich auf und hält ihn in überraschend weicher Strichart durch, um den Aufbau aus kompositorischem Ge-

Abb. 6

spür nach links abzubiegen, so daß eine ausgeglichene Flächenfüllung erreicht wird. – Weit temperamentvoller ist das »Haus« *(b)* gezeichnet, dessen Giebel steil aufsteigt und abfällt; nach rechts hebt es sich ausgewogen von einem schattierten Baum ab. – In der formalen Wiederholung der »Striche« *(c)* bleibt deren Eigenqualität unbeachtet zugunsten einer symmetrischen Anordnung. – Die folgende Lösung *(d)* überdeckt die Gefühlsanmutung durch eine abstrakte »Formel«.

Als inadäquat darf die Umgestaltung der senkrechten Stangen zu »Bäumen« *(e)* bezeichnet werden, insofern sie nicht nach rechts fortgesetzt und einer stimmungsvollen Landschaft eingefügt sind. Das Vorwärtsstreben tritt ganz hinter verweilende Beschaulichkeit zurück. – Der hürdennehmende »Reiter« *(f)* vollführt eine kompensatorische Gegenbewegung nach links, was die kraftvolle Eigenständigkeit seines Urhebers bezeugt, die von der vital sicheren Konturierung bestätigt wird. – Der »Löwe« hinter dem Gitter *(g)* läßt dagegen eingesperrte Antriebskräfte ahnen, hervorgerufen durch störbare Übersensibilität, wie sie aus der Zaghaftigkeit des Striches spricht. Die Diskrepanz der Zeichnung erwies sich als tragisches Signal. – Auf andere Weise deutet die Symbolik des »Opferaltars« *(h)* in der ausdruckslosen Tönung des Sockels eine Schwäche des empfindsamen Lebensgrundes an.

Abb. 7

Das schwarze Quadrat in *Feld 4 (Abb. 7)* besitzt die Anmutung der »Schwere«, die dadurch noch verstärkt wird, daß es rechts oben angebracht ist und herabzustürzen droht. Für die Konfliktberatung kommt ihm besondere Bedeutsamkeit zu, weil der Eindruck der Last oft erstaunlich ergiebige Inspirationen provoziert.

Als Aufforderung zu aktivem Einsatz ist das Zeichen im technischen »Kran« *(a)* empfunden, der es wie einen Steinblock in der Schwebe hält. – Ausgeprägt bedrückend wirkt es dagegen als schwarzes »Fenster« *(b)* in der tragischen Bühnenscene, die »Dantons Tod« darstellt. – Das dritte Beispiel »Ornament« *(c)* wiederholt das Quadrat und verarbeitet es mit derbem Strich, ästhetisch-symmetrisch, wodurch die lastende Qualität verloren geht. – Vollends geschieht das in der Ausgestaltung zu »Buchstaben« *(d)*, deren plakathafte Werbung die emotionale Bedrohung intellektuell verstellt.

Der ungewöhnliche Einfall »Springbrunnen« *(e)* verkehrt den Komplex der Schwere zum Ausdruck elementarer Kraft;

in ihr bekundet sich die vitale Anlage der Urheberin. – In der humorig-spielerischen Scene des »Dompteurs« *(f)*, der einen Seehund zum Balanceakt des Schwerezeichens dressiert hat, sprechen sich Phantasiefülle und heiteres Naturell in Kontrastreaktionen aus. – Von ähnlicher Art, doch bubenhafter, ist die »Karikatur« *(g)* mit dem Hitlerkopf, die seine Feldherrnpose in weicher Strichweise gutartig verspottet. – Zum Entsetzen gesteigert antwortet dagegen die »Fratze« *(h)* auf die Qualität der Vorgabe. Die grotesk stilisierten Brauen, die Unheimlichkeit des viereckigen Auges links als Pendent des starren Quadrats rechts sowie die Leere des lachenden Mundes deuten auf psychotische Gefährdung aus übersensibler Beeindruckbarkeit hin.

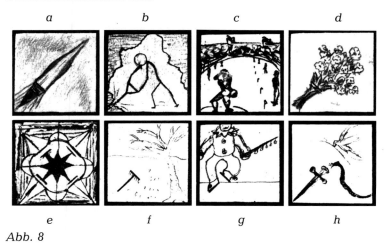

Abb. 8

Nicht weniger aufschlußreich pflegen die Fortführungen der diagonalen Striche im *Feld 5 (Abb. 8)* links unten zu sein. Ihr Kontrastkomplex drückt »Spannung« aus und bleibt gelegentlich ganz unbeantwortet. Die leere Fläche nach rechts oben hin drosselt bei introverser Verfassung nicht selten den gestalterischen Impuls, obwohl das Zeichen selbst geradezu darauf zielt, ihn befreiend zu erobern.

Angemessen in diesem Sinne ist die abgefeuerte »Rakete« *(a)* mit ihrer aufsteigenden Flugbahn. – Umgekehrt richtet sich das Bohrgerät des mageren »Strichmännchens« *(b)* in einer Höhle nach links unten und deutet raumsymbolisch die nach innen gewandte Einstellung des Zeichners an. – Physische Spannungslust kennzeichnet originell den »Sportler« *(c)* vor vielen Zuschauern in der Arena. – Im Unterschied zum ersten Beispiel der Reihe versinnlicht der »Blumenstrauß« *(d)* auch in seiner graphischen Durchführung emotionale Entspanntheit, doch keineswegs Bindungslosigkeit.

Der mittenhafte »Stern« *(e)* ordnet das vorgegebene Zeichen durch symmetrische Wiederholung einer Dekoration ein und nimmt ihm damit die Eigenqualität der Geladenheit, die gleichsam in verhaltene Ausstrahlung verwandelt wird. – Von erheblicher Spannungsarmut zeugt dann die Verbindung der Striche zu einer »Harke« *(f)* und deren kompensatorische Ergänzung durch den zart gestrichelten Baum. – Höchst elegant löst der tanzende »Clown« *(g)* den Widerstreit in der Vorlage und gibt auch graphisch selbstsichere Gewandtheit zu erkennen. – Umso konfliktvoller erscheint daneben die gedankliche Symbolik von »Schwert und Schlange« *(h)*, über denen druckschwächer gezeichnet die Friedenstaube mit dem Ölzweig schwebt.

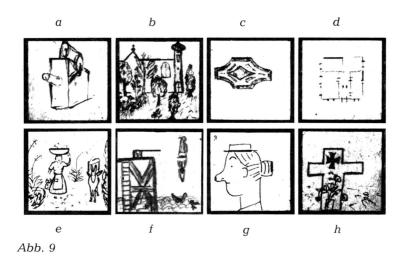

Abb. 9

Die Zerstücktheit des waagerechten und des senkrechten Striches im *Feld 6 (Abb. 9)* fordert unwillkürlich zu ganzheitlicher »Verbindung« auf; ihre Geradlinigkeit legt überdies sachliche oder abstrakte Lösungen nahe. Weichen sie davon ab, so drängt sich individuelle Eigenheit vor.

Der technische »Apparat« *(a)* ist der gegenständlichen Ausgestaltung durchaus gemäß und macht eine entsprechende Auffassungweise wahrscheinlich. – Dagegen verweist die malerische Gestaltung der »Kirche« *(b)* auf transzendierende Gestimmtheit, die hier jedenfalls vom Zeichen her nicht intendiert wird. – Rein formal bleibt das kümmerliche »Ornament« *(c),* und seine schlechte Einfügung in die Fläche läßt auch ästhetisches Gespür vermissen. – Aus dem »Grundriß« *(d)* eines Hauses kann die Fähigkeit zu sachlicher Abstraktion entnommen werden, wie sie der Vorlage noch mehr als das erste Beispiel angemessen ist.

Sehr geglückt schließt die »Lastträgerin mit dem Esel« *(e)* beide Gestalten in die landschaftliche Atmosphäre ein, wodurch auch die ganzheitliche Bildwirkung entsteht, in der sich diagnostisch die <u>Dominanz des integrativen Gefühls anzeigt</u>. – Ein sozusagen männliches Gegenbeispiel bietet der »Badende« *(f),* der sich von der hohen Sprungschanze ins Wasser stürzt und dergestalt vitale Frische und Temperament zum Ausdruck bringt. – Sinn fürs Komische ist das Hauptmerkmal des weiblichen »Kopfes« *(g);* seine harte und klare, streng konturierende Strichführung deutet aber auch mitmenschliche Distanz an. – Die kindlich schlichte Symbolik des »Kriegergrabes« *(h)* mit dem liebevoll ausgeführten Blumenstock am Fuß des Kreuzes verzichtet auf ästhetische Einordnung in den Rahmen des Feldes und dürfte darin echte Pietät widerspiegeln.

Dem punktierten Halbkreis rechts unten im *Feld 7 (Abb. 10)* hat man schon oft bestätigt, daß für ihn aufgelockerte »Zartheit« symptomatisch sei und er in verschiedener Weise die Sensibilität anspreche. Die Berücksichtigung dieses animalischen Gegenpoles zur Triebhaftigkeit im Warteggtest ist

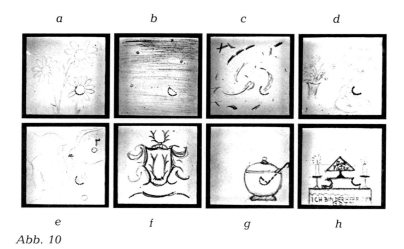

Abb. 10

ebenso bedeutsam wie seine häufige Nichtbeachtung, namentlich beim männlichen Geschlecht in der Pubertät.

Der empfindsamen Anmutung völlig gemäß sind die hauchzart gezeichneten »Blüten« *(a)*, insofern sie dem vegetativen Naturbereich entstammen. – Noch gesteigert gilt das von der atmosphärischen Darstellung des »Halbmondes mit Sternen« *(b)*, die ebenfalls als Punkte angedeutet werden. – Die kreisend bewegten »Mikroben« *(c)* dagegen bezeugen auf abständige Beobachtung gestützte Intelligenz, aber auch Unruhe. – Davon hebt sich eindrucksvoll das physiognomische »Mutterbild mit dem Kind« *(d)* und dem Blumenstock durch seine gemüthafte Ausstrahlung bei graphischer Verhaltenheit ab.

Bei der Einfügung des punktierten Halbkreises in eine »Landkarte« *(e)* ist unverkennbar nüchterne Abstraktionstendenz am Werk, also das Gegenteil des vorigen Beispiels. – Die verdeckende Ausgestaltung zum »Wappen« *(f)* läßt vor allem dekorativen Sinn, vielleicht auch anspruchsvolle Veräußerlichung erkennen. – Die hausbackene Vergegenständlichung zum »Schöpflöffel« *(g)* im Suppentopf übergeht ziemlich achtlos die Eigenqualität des Zeichens. – Auf seine Zartheit ist verhüllt noch der symmetrische Aufbau des »Altars«

(h) bezogen, dessen Kerzen mitsamt dem Spruchband sich bemerkenswert von der elementaren Flammensymbolik des ähnlichen Motivs im *Feld 3 (Abb. 6 h)* abheben.

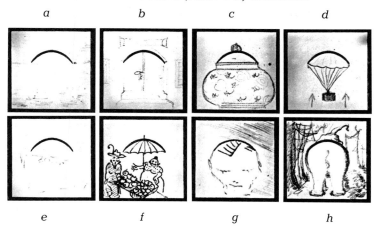

Abb. 11

Der überwölbende Bogen im *Feld 8 (Abb. 11)* oben erweckt vor allem den Eindruck schützender »Geborgenheit«, wie sie wohl der kosmische Anblick der Himmelsglocke über der Erde gewährt. Eine Grundstimmung solcher Art pflegt der behüteten Kindheit eigen zu sein und geht mit der seelischen Ablösung von ihr leicht verloren. Namentlich im Hinblick darauf, aber auch im Vergleich mit dem Mittelpunkt des Feldes 1, kann die Beantwortung dieser letzten Vorgabe aufschlußreich sein.

Ambivalent ist die atmosphärische Auffassung des Bogens als »Sonne« *(a),* je nachdem sie aufgehend oder untergehend vorgestellt wird. – Die Ausarbeitung zum verschlossenen »Tor« *(b)* deutet Rückzug aus der Umwelt in die Innerlichkeit an. – Introvertiv verstehbar dürfte auch die dekorative Vergegenständlichung zum geschlossenen »Gefäß« *(c)* sein. – Den erläuternden Pfeilen zufolge handelt es sich bei dem »Ballon« *(d)* um einen Aufstieg, der Streben nach oben versinnlicht.

Das Erscheinungsbild der »Schildkröte« *(e)* macht, ähnlich wie der hier nicht selten auftauchende »Pilz«, soziale Abschließung oder Einsamkeit anschaulich. – Das Gegenteil bekundet die dralle »Marktfrau« *(f)* mit ihrem Obststand unter dem Sonnenschirm. – Den »Männerkopf« *(g)* kennzeichnet der auffällige Kontrast zwischen dem breiten Schädel und dem schmalen, verhärmten Untergesicht, das Ungeborgenheit in sich selbst anzudeuten scheint. – Der sein Hinterteil dem Beschauer zuwendende »Elefant« *(h)* äußert endlich massiv die Geste mitmenschlicher Verachtung.

Die knappen Anmerkungen zu den ausgewählten Beispielen mögen hinreichen, die Eigenqualität der vorgegebenen Einzelzeichen im WZT in ihrer Streuungsbreite vor Augen zu führen. Gleichzeitig wollen sie aber auch dazu dienen, den Blick für ihren Einfluß auf die zeichnerische Gestaltung zu schärfen und zu differenzieren, von dem die charakterkundliche Ergiebigkeit des Verfahrens, zumal in seiner Verbindung mit der Handschriftdeutung, vor allem abhängt.

3. Gliederung der zeichnerischen Einfälle

Nach den Ausführungen des vorigen Abschnittes bleibt noch erforderlich, auf die *Gliederung* der Einfälle insgesamt einzugehen, deren Methodik auf den Möglichkeiten graphischer Gestaltung überhaupt beruht. Vorangestellt seien jene Gebilde, in denen die Anfangszeichen fortgeführt werden, ohne eine »inhaltliche« Vorstellung im engeren Sinn einzubeziehen. Wir unterscheiden also grundsätzlich, ungeachtet ihrer möglichen Überschneidungen:

1. *Formlösungen,* die »ästhetisch« (ornamental) oder »abstrakt« (geometrisch sowie formelhaft) sein können. Die ersteren dürfen vereinfacht gefühlsnäher, die letzteren verstandesnäher heißen, womit jedoch nur Akzente gesetzt sind. Typische Beispiele ästhetischer Form bietet: Abb. 5,b; Abb. 6,c; Abb. 7,c; Abb. 8,e; Abb. 9,c. – Abstrakt geprägt sind:

Abb. *4*,b,c; Abb. *5*,c; Abb. *6*,c,d; Abb. *7*,c,d; Abb. *9*,d; Abb. *10*,e,f.

2. *Sach*lösungen, bei denen zwischen »statischen« und »dynamischen« Dingen zu unterscheiden ist. Psychologisch lassen sich jene als mehr abstandwahrend, diese als mehr antriebsbedingt verstehen. Zu den statischen Beispielen gehören: Abb. *5*,d; Abb. *9*,a. – Dynamische Gegenständlichkeit zeigen: Abb. *4*,d; Abb. *6*,a; Abb. *7*,a; Abb. *8*,a; Abb. *10*,g; Abb. *11*,b,c,d.

3. *Bild*lösungen, die sowohl »atmosphärisch« (Landschaften, Blumen) als auch »physiognomisch« (Tiere, Menschen, Gesichter, Scenen) akzentuiert sein können. Insgesamt sind sie Ausdruck emotionaler Ansprechbarkeit und Mitbeteiligung, die von Zartgefühl bis zu leidenschaftlicher Erregung reicht. Diese Gruppe weist die größte Variabilität auf und setzt zugleich eine gewisse zeichnerische Fähigkeit voraus, die ihrerseits wieder symptomatisch ist; nach der Reifezeit tritt sie häufig zurück. – Atmosphärische Einfälle finden sich in: Abb. *4*,a,e; Abb. *5*,a; Abb. *6*,e; Abb. *8*,d,f; Abb. *9*,b; Abb. *10*,a,b; Abb. *11*,a,d. – Physiognomische Prägung weisen auf: Abb. *4*,e,f,g; Abb. *5*,f,g; Abb. *6*,b,f,g; Abb. *7*,b (Dantons Tod), f,g,h; Abb. *8*,b,c,g; Abb. *9*,e,f,g; Abb. *10*,d; Abb. *11*,e,f,g,h. – Als Zerrbilder des menschlichen Antlitzes lassen gespenstische Fratzen erfahrungsgemäß abartige Bedrohung vermuten.

4. *Sinn*lösungen endlich stellen gleichsam Grenzphänomene dar, die in bildhaften wie in gegenständlichen Beispielen auftauchen können und hintergründigen Bedeutungsgehalt besitzen. Ihre Verwandtschaft mit Traumgebilden macht sie tiefenpsychologisch anziehend, wodurch sie leicht positiv überschätzt werden, während sie vielfach ernsthafte Konflikte oder Störungen andeuten. Von naiver »Symbolik« (Abb. *6*,h; Abb. *9*,h; Abb. *10*,h) heben sich hier reflektierte »Allegorien« ab (Abb. *5*,h; Abb. *8*,h).

Mit diesen vier Leitgesichtspunkten sind natürlich nur Hauptgruppen zur Einführung und systematischen Orientierung umschrieben, zu denen sich noch Ausnahmen und

Übergänge gesellen, auf die hier nicht mehr eingegangen werden kann.

4. Hauptmerkmale der graphischen Ausführung

Unter den Entlehnungen aus der Graphologie der Handschrift, die für die Deutung des WZT ins Gewicht fallen, muß an erster Stelle die *Strich*beschaffenheit genannt werden. Ausdruckswissenschaftlich verdient sie umso mehr Aufmerksamkeit, als der Test die Verwendung des Bleistifts fordert, der weit variabler ist als die Tintenfeder.

In der Strichart bekundet sich die Berührung des Stiftes mit dem Zeichenblatt, die gleich dem Tasterlebnis mehr empfindsam erlebt oder mehr antriebsstark getätigt werden kann. Im ersten Fall handelt es sich um den *zarten* oder auch *scharfen* Strich, bei dem zur Sensibilität intellektuelle Einstellung hinzukommt. Im anderen Fall ist der Strich *tonig*, aber *fest* oder gar *derb*, wenn mangelnde Einfühlung überwiegt. – Beachtung verdient aber auch, ob die Strichbeschaffenheit dem dargestellten Gebilde angemessen ist oder ihm widerstreitet.

Beispiele der empfindsam zarten Strichführung finden sich insbesondere in: Abb. 4,e,h; Abb. 5,e; Abb. 6,e; Abb. 8,f; Abb. 9,c; Abb. 10,a,b,d,e;. – Intelligente Schärfe zeigen: Abb. 4,b,c; Abb. 6,d; Abb. 9,g. – Gefühlsbestimmte Tonigkeit liegt vor in: Abb. 5,g; Abb. 6,b; Abb. 7,g; Abb. 8,d; Abb. 9,b. – Druckstarke Derbheit verraten: Abb. 4,g; Abb. 5,d; Abb. 6,f; Abb. 7,c. – Vielfach ist der Strichcharakter jedoch nicht eindeutig, sondern nur nach der Dominanz zu bestimmen.

Natürlicherweise fehlt in den Handschriftmerkmalen völlig die Unterscheidung von *Konturierung* und *Schattierung*, die für die psychologische Auswertung von Zeichnungen grundlegende Bedeutung besitzt, wie H. *Wölfflin* sie bei seiner kunstwissenschaftlichen Kontrastierung von »linearem« und »malerischem« Stil ausgezeichnet und folgenreich aufgewiesen hat.

Nach *R. Pophals* Untersuchungen ist der konturierende »Einzelstrich« dem Oberbau des Bewußtseins zugeordnet; er gestaltet zeichnerisch den Umriß und die Oberfläche der Dinge. Der schattierende »Pendelstrich« dagegen entstammt dem Lebensgrund und hebt in plastischer Tiefensicht den Vordergrund und den Hintergrund voneinander ab. Handschrift und Zeichnung erhalten dadurch strukturpsychologisch gegensätzlichen Schichtenwert.

Der Praxis entsprechend bringen unsere Beispieltafeln ganz überwiegend konturierte Darstellungen, wie sie übrigens durch die linearen Vorzeichen des WZT-Bogens nahegelegt sind. Umso bemerkenswerter ist aber der Durchbruch schattierender Pendelstriche, die emotionale oder vitale Erregungen erkennen lassen. Eingekapselt und bis zur Schwärzung verdichtet zeigt sie der »Altar« in Abb. *6*,h. Unauffälliger treten sie in den »Buchstaben« der Abb. *7*,d hervor. Nur leicht angedeutet sind sie in Abb. *8*,b und Abb. *10*,b. Der Hintergrund von Abb. *11*,h nähert sich der Schattierung an.

Ein letzter Gesichtspunkt der graphischen Beurteilung ist die *kompositorische Einfügung* des zeichnerischen Gebildes in das umrandete Feld. Dieses Merkmal hat eine Verwandtschaft mit der Verteilung der Handschrift auf der Schreibfläche. Die Ausgewogenheit zwischen der Beachtung des Zeichens und des Rahmens, die sich bei den meisten Lösungen unserer Tafeln findet, bekundet ein Ebenmaß von Vorstellung des Auges und Tätigkeit der Hand. Bei Kleinkindern bleiben Anfänge und Rand zuweilen noch unbemerkt; das gleiche kann aber auch bei pathogener Verfassung von Jugendlichen eintreten.

Auf mangelnde Distanz zur Umwelt weist auffälliges Haften des produktiven Impulses an den kleinen Vorgaben hin, das kindlicher Verhaltensweise entspricht. Leichte Ansätze dazu bieten in unseren Beispielen die Abb. *5*,c,d; Abb. *9*,c; Abb. *10*,g; Abb. *11*,c.

Ein vereinzeltes Auftreten von Unstimmigkeiten darf, gleich jeder Ausnahme von der Regel, nicht überbewertet werden, wozu der Test oft noch mehr verleitet als die Handschrift. Nur angesichts des Gesamtbefundes lassen sich, wie andernorts an typischen Fällen erläutert,[10] Störungssymptome überhaupt angemessen einschätzen. Außerdem muß ihnen in der Beratung explorativ nachgegangen werden, um sie ausreichend aufzuhellen.

---

[10] › Warteggtest und Schriftanalyse ‹, in: Zeitschrift für Menschenkunde, 1972, Heft 2.

Der Wartegg-Zeichentest bei Kindern und Jugendlichen

Der Wartegg-Zeichentest kann grundsätzlich auch für Kinder und Jugendliche verwendet werden, und das geschieht auch erfolgreich seit Jahrzehnten. Will man ihn dabei jedoch angemessen systematisch und differenziert interpretieren, so muß man den phasenspezifischen Wandel der Zustände und Erlebnisweisen während der Entwicklung des jungen Menschen bedenken.[11] Es ist deshalb besonders wichtig, bei Tests hier immer das Lebensalter anzugeben, natürlich auch das Geschlecht. Denn nur im Rahmen der dadurch aktuellen Problematik gewinnt auch das Symbol seine altersangemessene Bedeutungszuordnung. Daß diese sich dann noch individuell modifiziert, versteht sich von selbst. Im Folgenden möchte ich nun im Anschluß an die grundsätzlichen Ausführungen *August Vetters* zeigen, wie sich der WZT unter Berücksichtigung der Jugendthematik anwenden läßt. Dabei wird sich erweisen, welche Besonderheiten gerade in diesem Alter in den Ausdrucksbildern aufzutreten pflegen. In diesem Kapitel sollen dazu allgemeine Gesichtspunkte behandelt werden. Im Anschluß daran werden dann später praktische Interpretationen ganzer Tests gebracht.

Schon die Art, wie der Test im *Kindesalter* bis zur Pubertät und wie er danach im *Jugendalter* ausgeführt wird, weist charakteristische Unterschiede auf. Um ein Beispiel zu nennen: Der 9½jährige in *12a* bringt ausschließlich Sachlösungen, wie es dem Großkindalter entspricht. Der fast 19jährige *(Abb. 12b)* antwortet mit Form- und Sinnlösungen. Die Abstraktionsfähigkeit und Sinnbezogenheit, die hier zum Ausdruck kommt, pflegt erst nach der Pubertät zur vol-

---

[11] Vgl. dazu meine ›Graphologie des Jugendlichen‹ a.a.O., besonders Kap. V.

a) ♂ 9;7

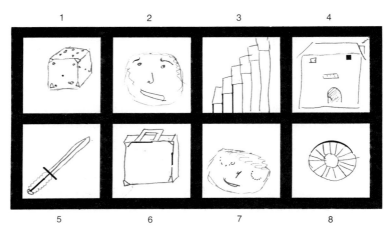

1. Würfel   2. Kopf   3. Treppe   4. Haus
5. Schwert   6. Koffer   7. schlafender Junge   8. Rad

b) ♂ 16;10

1. Punkt und Umgebung   2. Ufer   3. Treppe   4. Welle
5. Fledermaus   6. Landkarte   7. Hände   8. Delhi, Indischer Gott

Abb. 12

a) ♂ 10;5

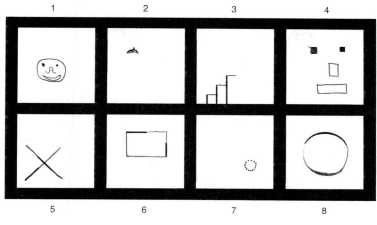

1. Gesicht   2. Das obere Teil eines Kopfes   3. Treppe   4. Eckgesicht
5. Propeller   6. Rechteck   7. Punktkreis   8. Kreis

b) ♀ 16;4

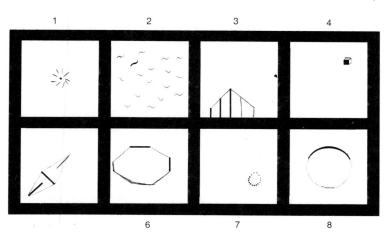

1. Stern   2. Meer   3. Das Haus   4. Der Würfel
5. Das Kanu   6. Der Tisch   7. Der Kreis   8. Der Mond

Abb. 13

a) ♂ 14;2

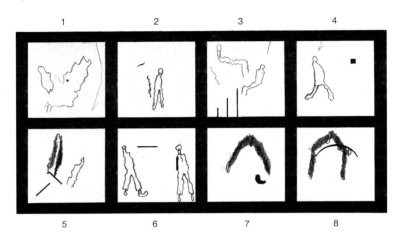

1. Berg auf Landkarte   2. Junge   3. Hochzeit   4. ich selber
5. Kienspan   6. Clown und Chinese   7. Hütte   8. Ein germanisches Haus

b) ♀ 10;9

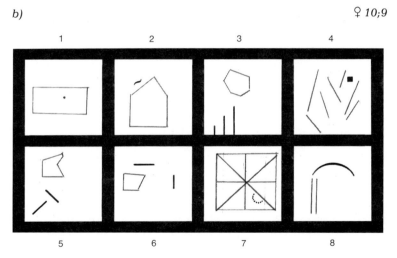

1. Rechteck   2. Fünfeck   3. Sechseck und Rechtenwinkel   4. Geraden
5. Sechseck mit Rechtwinkel   6. Viereck mit 1 Rechtwinkel   7. Viereck mit
4 Rechtwinkel, Mittel und Diagonalen   8. Parallele Linie

Abb. 14

len Entfaltung zu kommen. – Wo ein entsprechender Unterschied nicht zu Tage tritt, liegen besondere Gründe vor, die erfragt werden müssen. Die Ähnlichkeit der beiden nächsten Tests *(Abb. 13a-b)* ist auf betont rationales Denken beider Zeichner zurückzuführen, welches das alterstypische Erleben und damit auch dessen Ausdruck zurücktreten läßt. Die Tests *14a-b* sind ebenfalls nicht typisch unterschieden, aber aus einem anderen Grund. Bei beiden sind die Zeichen nicht aufgenommen worden. Der Zeichner von *14a* ist ein nicht schulfähiges Anstaltskind, die Zeichnerin von *14b* dagegen eine begabte Oberschülerin. Doch ist bei beiden der Realitätskontakt gestört. Der 14jährige drückt seine Emotionen aus, die vom Wachbewußtsein nicht voll kontrolliert werden; sie wurden beim Ausfüllen des Tests von der Fürsorgerin durch einen ständigen Gesprächskontakt provoziert, um den Jungen zum Zeichnen anzuregen. Die 10jährige dagegen legte, zur Ausfüllung des Tests aufgefordert, das Lineal an und zeichnete in alle acht Felder geometrische Gebilde. Im Denken und Wollen durch Vorbereitung auf die Umschulung überfordert, war das Kind zum automatisch einsetzenden ›Denkapparat‹ geworden. Aufschlußreich sind bei beiden Tests auch die Bezeichnungen: Während der emotional reagierende Junge Dinge und Bilder als Erläuterungen angibt, benennt das Mädchen alle acht Zeichnungen mit geometrischen Figuren.

Nicht nur Kindes- und Jugendalter, sondern innerhalb beider auch die *einzelnen Phasen* haben ihre eigene Thematik und Problematik. Für alle Altersstufen gilt es deshalb, dasjenige spezifische Problem zu berücksichtigen, das innerhalb ihrer gerade im Vordergrund stehen mag. Entsprechend häufen sich in der Jugendzeichnung bestimmte Ausdrucksbilder, und hier seien nun, wie im vorigen Kapitel von *Vetter,* für alle acht Felder des Tests einige Beispiele gezeigt. Sie stammen aus der Praxis und sind durch die Anamnese erhärtet. Feld a stellt jeweils das vorgegebene Zeichen des Feldes dem Leser vor Augen, um die Orientierung zu erleichtern.

Abbildung *15b* zeigt, als Antwort auf das Zeichen der Mitte

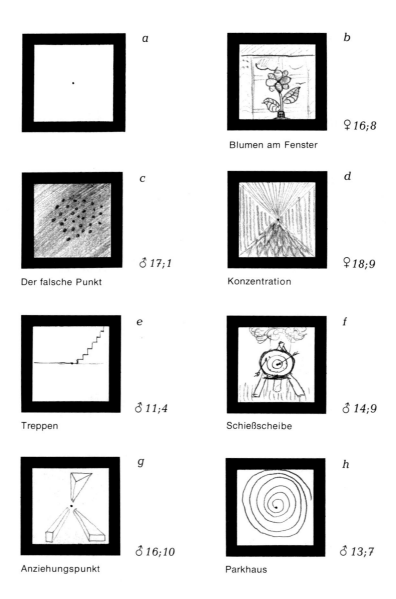

Abb. 15

a	b ♂ 15;6
	Untergehende Sonne
c ♀ 14;4	d ♂ 18;0
Der große Wirrwarr	Flammen
e ♂ 17;3	f ♂ 11;8
(ohne Angabe)	Gespenst
g ♂ 15;6	h ♂ 12;3
Der traurige Junge	Der Gelehrte

Abb. 16

und der Selbsterfahrung, das Lebensgefühl eines jungen Mädchens, wie es nicht schöner ausgedrückt werden kann: Das blühende Leben, im Hintergrund die Welt. *15c* dagegen läßt uns schon auf Identitätsdiffusion schließen, unter der die Jugend heute so stark und nachhaltig zu leiden hat. *15d* ist Ausdruck der Selbstanforderung einer schon vernünftigen Abiturientin. *15e* wird von einem gerade in der Oberschule heimisch gewordenen Jungen gezeichnet, der als 11jähriger das kindliche Erleben der Selbststeigerung ausdrückt. In *15f* stellt sich das häufige Gefühl eines im Ausgang der Pubertät stehenden Jugendlichen dar, die Zielscheibe von umgebenden Feindgestalten zu sein. In *15g* erlebt sich ein fast 17jähriger als Anziehungspunkt, oder er möchte ein solcher sein — ein in Gesprächen häufig geäußerter Wunschtraum. In *15h* finden wir die dem Zeichen angemessen ausgeführte, aber kaum auf das eigene Ich bezogene Antwort › Parkhaus ‹ von einem Sonderschüler mit Gehirnschädigung, wobei gerade die Spirale als solche Symbol für die Selbstentfaltung ist. Wir lassen offen, ob sich darin die Tiefenpsyche ausdrückt.

Das Zeichen des Schwebenden *(16a)* soll das Gefühl ansprechen. Zart und atmosphärisch wird es von dem 15½jährigen Jungen angenommen *(16b)*, der es zu einem fliegenden Vogel weiterbildet und durch andere Vögel und eine untergehende Sonne ergänzt, die sich im Meere spiegelt. Ein diffuses Selbstgefühlschaos dagegen, wie es jedoch dem Alter der Pubertät zu entsprechen pflegt, zeichnet das 14jährige Mädchen in *16c*. Auch daß der 18jährige › Flammen ‹ aus dem Zeichen macht *(16d)* ist nicht ungewöhnlich, zumal der übrige Test sowie die Exploration einen affektiven Protest gegen die Familie ergeben. Der Zeichner von *16e* reagiert überhaupt nicht auf das Atmosphärische, und aus seiner Lebenssituation geht hervor, daß er sich gegen seine Gefühle mit Erfolg gewehrt und verhärtet hat, durch unglückliche Familienverhältnisse ausgelöst. Typische Ironisierungen der Vorpubertät bringen zwei Jungen im Alter um 12 Jahre *(16f* und *16h)*, wo Gefühl mit Sentimentalität verwechselt und nicht gern gezeigt wird. Anders der 15 ½jährige, der mit dem

Kopf eines › traurigen Jungen ‹ *(16g)* unmittelbar emotional auf das Zeichen reagiert.

Besonders reich ist die Palette der Lösungen bei Jugendlichen in Feld 3 *(17a)*. Gibt es doch keinen, für den das Thema der Steigerung und des Strebens nicht aktuell würde, allein schon durch Schulpflicht und Berufsausbildung. Die häufigste Antwort auf die drei ansteigenden Stäbe dürfte eine Treppe sein, wie sie in feiner Linienführung der 8jährige in *17b* gezeichnet hat. In etwas späterem Alter treten bemerkenswert häufig zusätzliche Geländer auf *(17c)*, die oft in Diskrepanz zum Zeichen 5 der Dynamik und Spannung stehen und offensichtlich eine kompensatorische Bemühung ausdrücken. Dramatischer ist die Steigerung, wenn sie zum Besteigen einer Feuerleiter anregt *(17d)*! Das Feld ist durch eine Wand ausgefüllt und ein Mensch steht im Fenster und scheint um Hilfe zu rufen. Häufig finden sich auch Zäune in diesem Feld. Ein Zaun kann das Erlebnis der Geborgenheit symbolisieren, offensichtlich meint er jedoch meist eine Absperrung und versinnbildlicht dann das Abgesperrtsein *(17f)*. Diese Antwort kann sich noch steigern zu dem gelegentlich ausgeführten › Gefängnis ‹ *(17g und 17h)*, und die Beispiele zeigen, daß es bei beiden Geschlechtern vorkommt. Schwermütig und depressiv wirkt die Zeichnung der 16 ½jährigen, die das Steigerungsmotiv negativ mit herunterbrennenden Kerzen beantwortet, in denen sie auch noch ein Sinnbild des Lebens sieht *(17e)*. Bedenken wir, daß es das Alter der häufigen Jugendselbstmorde ist.

Den deutlichsten Umbruch im Erleben des Heranwachsenden, zwischen Kindheit und Jugend, finden wir in Feld 4 *(18a)* ausgedrückt, das mit dem schwarzen Karo das Lastende und Schwere darstellt. Daß etwas im Sprachgebrauch › schwer ‹ sein kann, wenn es nach Zentnern gewogen wird und ebenso auch, wenn es eine unerträgliche seelische Belastung ist, kann jetzt unmittelbar auf die Auswertung der Zeichnung übertragen werden. Der Balken am Kran ist schwer, aber daß der Kran ihn hebt *(18b)*, ist ein normaler Vorgang. Anders in *18c*, wo ein Seiltänzer diese Leistung

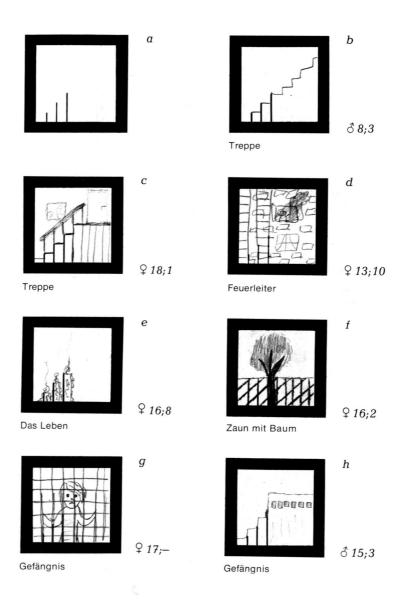

Abb. 17

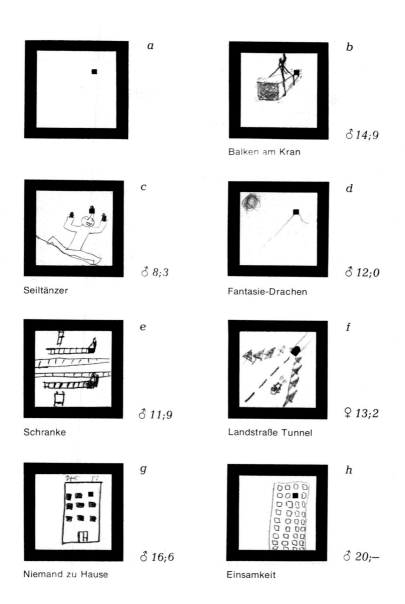

a	b ♂ 14;9
	Balken am Kran
c ♂ 8;3	d ♂ 12;0
Seiltänzer	Fantasie-Drachen
e ♂ 11;9	f ♀ 13;2
Schranke	Landstraße Tunnel
g ♂ 16;6	h ♂ 20;–
Niemand zu Hause	Einsamkeit

Abb. 18

schafft, jedoch mit Grazie und offenbar auch mit Leichtigkeit. Ähnlich ist es beim Drachen in *18d*. Hier überall wird das Zeichen als physisch schwer aufgefaßt und mit Leichtigkeit bewältigt. Die versperrende Schranke in *18e* drückt dagegen ein seelisches Problem des Zeichners aus. Daß in *18f* die Landstraße in das fixierend geschwärzte Tor eines Tunnels führt, von dem kein Ende und Ausgang abzusehen ist, wird durch die Anamnese der 13jährigen verständlich, die durch ein hartes Schicksal in eine schier ausweglose Situation geraten ist. Und schließlich haben wir die beiden deprimierenden Themen der Jugendlichen von 16 ½ und 20 Jahren *(18g, 18h)*, die Fenster in Häusern mit ›Niemand zu Hause‹ und ›Einsamkeit‹ bezeichnen. In den letzten drei Feldern wird das schwarze Quadrat als Licht oder Dunkel gesehen.

Das Zeichen der Spannung oder Dynamik im Feld 5 *(19a)* fordert den Zeichner gewöhnlich dazu auf, die Richtung der unteren Linie nach rechts oben fortzusetzen. Was in diesem Feld gezeichnet wird, ist häufig zeitabhängig; vor Jahrzehnten war es etwa ein Steuerrad, heute tritt die Raumrakete in den Vordergrund. Aber es kommt ja auch darauf an, wie eine solche Zeichnung ausgeführt wird. Eine Rakete z.B. kann friedlich im Raum schweben, sie kann mit Rückstoß in den Raum schießen, sie kann nach rückwärts gerichtet sein. In Feld *19b* gibt es eine ›normale‹ Antwort auf das Zeichen 5. Die Spannungsrichtung wird dynamisch und harmonisch fortgesetzt. Bezeichnend für die Probleme von Jugendlichen ist dagegen das Thema Konfrontation *(19c, 19d)*. Die Begegnung mit stärkeren Partnern und mit der oft feindlichen Gruppe bleibt keinem Kind und keinem Jugendlichen erspart. Das Erlebnis der Spannung kann zu dem der Bedrohung werden, wie es die 14jährige zeichnet *(19e)*. Gestaute und explosive Aggressionen können wir bei dem Zeichner von *19g* vermuten. Und das Erlebnis des Versagens lesen wir aus dem Bild *19h* ab. (Ähnliche Varianten von Zusammenbrüchen sind in diesem Feld bei Jugendlichen keine Seltenheit.) Der 16jährige Zeichner von *19f* erlebt auf die Anmutung

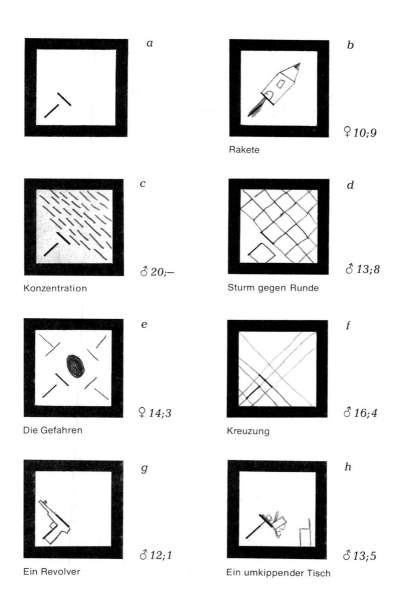

Abb. 19

der Spannung hin die ›Wegkreuzung‹, die gerade in der Jugend ihre mehrfache Bedeutung haben kann.

Im Zeichen der Ganzheit und Geschlossenheit *(20a)* sollen die beiden getrennten Linien in irgendeiner Weise geschlossen und zu einem Ganzen gefügt werden. Besonders beim Jugendlichen von der Vorpubertät ab legt sich nahe, daß diese Aufforderung auch das Erlebnis der Geschlossenheit des eigenen Lebensraumes anspricht. Jetzt zerfällt gerade die naive Geschlossenheit seines Lebensgefühls, um nach einer oft langen Phase der Ausgeliefertheit und Weltbildsuche zu einem neuen, eigenen Gefühl der Geschlossenheit, zu einer eigenen ›Weltanschauung‹ zu kommen. Sehr gut gibt dieses Problem die 14jährige wieder *(20b)*, die aus dem vorgegebenen Zeichen ein Haus macht und es, etwas distanziert-spöttisch vielleicht, ›heile Welt‹ nennt. Mit den aufgereihten Blümchen auf der Wiese sieht es etwas nach Bilderbuchromantik aus, und vermutlich würde dies kein Kind so zeichnen, das wirklich unreflektiert in einer ihm heil erscheinenden Welt lebt. Der völlige Zerfall des Geschlossenheitserlebens kommt denn auch bei einem Jungen in der Vorpubertät zum Ausdruck *(20d)*. Die Sicht aus der Vogelschau deutet den Wunsch nach Distanz zu den aufbrechenden Problemen an. Daß das Bild ›Bootsgewimmel‹ heißt und somit auch Wasser imaginieren läßt, weist schon zusätzlich auf den schwankenden Boden im Bereich des Seelischen (Wasser) hin. Noch zwei weitere Zeichnungen stammen von Jungen in der Pubertät. Der 11jährige *(20h)* reagiert mit der Darstellung einer Pistole aggressiv. Der 12jährige *(20g)* zeichnet einen Unfall; hier wird die einsetzende Reflexion durch Schraffierung des Felsens angedeutet. Ein 16jähriges Mädchen *(20e)* antwortet mit sperrenden Verkehrsschildern. Und ein 18jähriger Outsider der Gesellschaft *(20f)* gibt das Explosive zu erkennen, das dieses Thema für ihn hat. Ein anderer 18jähriger *(20c)* drückt das Erlebnis der Ungeschlossenheit aus, das Labyrinth zeigt aber den Versuch, eine Verbindung der Einzelstriche zu finden, was zu unübersehbaren Umwegen führt. Auch er sucht eine Übersicht (Vogelschau).

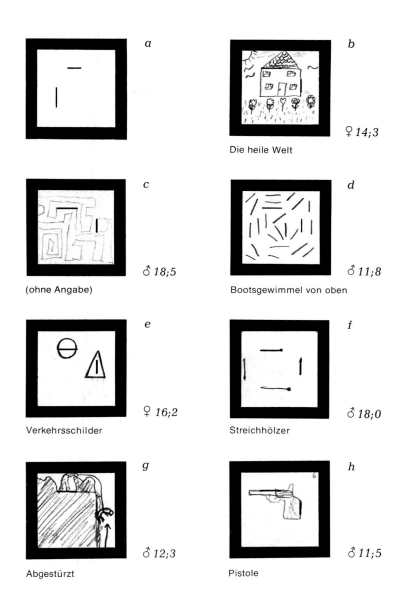

Abb. 20

Das feinste und subtilste der acht Zeichen ist zweifellos 7 mit dem gepunkteten Halbkreis *(21a)*. Mit ihm sollen Sensibilität und Zartheit des Empfindens und die entsprechende Eindrucksfähigkeit angesprochen werden. In hohem Maße ist dies bei dem 11 ½jährigen *(21b)* geglückt, der aus dem Zeichen eine kleine bescheidene ›Pusteblume‹ macht. Er hat damit sogar das Fragile aufgenommen, das diesem Zeichen anhaftet; durch einen Hauch kann es verweht werden. Zart und empfindsam antwortet auch der 19jährige (21c), der die Kreise des Wassers schwingen läßt, die durch einen Wassertropfen ausgelöst werden. Weniger visuell als akustisch reagiert die Zeichnerin von *21d,* und sie setzt diesen Eindruck sogar in den abstrakten Violinschlüssel um. Erstaunlich zart ist das Auto, dieser massive Gegenstand und Inbegriff der Motorik, von dem 13jährigen in *21e* gezeichnet. Dies ist ein Hilfsschüler in therapeutischer Sonderbetreuung; man erfährt hier etwas von der zarten Erlebnisfähigkeit eines Kindes, das intellektuell nicht schulfähig ist. Der deftig überfahrene Halbkreis in *21f* dagegen stammt von einer erfolgreichen Oberschülerin, einem sportlichen Auto-Fan. – Wenn wir die beiden Zahnräder in *21g* anschauen, so kommen uns vielleicht Zweifel an der ungestörten emotionalen Entwicklung des fast 11jährigen, der hier das Thema ›Zahnrad‹ noch verdoppelt. Und *21h* schließlich zeigt uns eine Sinnlösung, in der das vorgegebene Zeichen in Rundungen und somit gefühlsbetont aufgenommen wird, was dann aber mit einem eckigen und zackigen Gebilde – Ausdruck des Willensbetonten – als ›Gegensatz‹ konfrontiert wird.

Der Bogen in Feld 8 *(22a)* soll die Thematik der Geborgenheit anklingen lassen, was gerade für das Jugendalter im Zentrum der Beratung stehen muß. In diesem Feld finden sich oft erschütternde Hinweise auf Störungsursachen. Beginnen wir aber mit zwei uneingeschränkt positiven Lösungen. Wie friedlich ist die Antwort in *22b,* bei der nicht nur der schützende Schirm freundlich stimmt, sondern auch das Paar, das der 17jährige darunter geborgen sieht. Sein Alter berechtigt dazu, die Geborgenheit ›zu zweit‹ sehen zu wollen. –

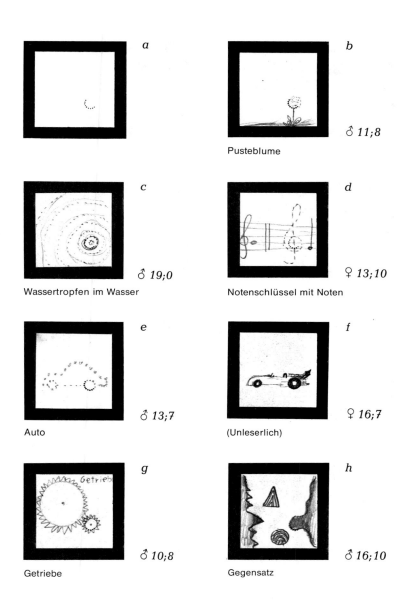

Abb. 21

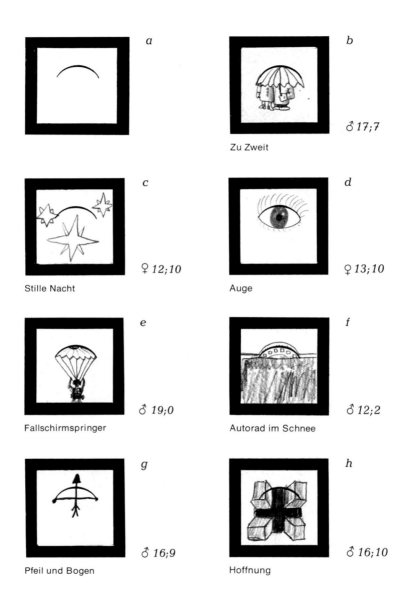

Abb. 22

Stimmungsvoll löst ein Mädchen in der Pubertät die Aufgabe *(22c)*, indem sie den Halbkreis als Mond denkt und Sterne hinzufügt. Es ergibt ein Weihnachtsbild ›Stille Nacht‹. In eben diesem Alter um 12 bis 13 Jahre beginnen die so häufig nachdrücklich gezeichneten Augen zu erscheinen, wie es das Beispiel *22d* zeigt. Dabei ist sicher im Jugendalter nicht immer das Angesprochensein, in schweren Fällen das Wahnhafte ausgedrückt, sondern ganz offensichtlich zumeist das Auge des Gewissens, oft als Über-Ich gemeint, aus dem Gefühl heraus, den Ansprüchen der Umwelt nicht zu genügen. Doppeldeutig ist der ›Fallschirmspringer‹ des 19jährigen *(22e)*; es kann die Sicherheit des Schwebens sein, aber auch die Unsicherheit, keinen Boden unter den Füßen zu haben, die mit ihm zum Ausdruck kommen soll. Eindeutig dagegen ist das Rad im tiefen Schnee *(22f)*. Hier ist deutlich die negative Komponente des Festgefahrenseins zu spüren. – Der aggressive Pfeil, der den schirmenden Bogen durchstößt *(22g)*, kommt von der Pubertät ab häufiger vor. Er stößt durch die bisherige Geborgenheit zu neuen Bereichen vor. Selten dagegen ist zwar nicht der Themenwahl nach, gewiß aber in einer solchen Ausführung, die Lösung des Kreuzes in Feld 8 *(22h)*. Die eckige Einmauerung widerspricht der Rundung des Bogens. Zusammen mit der Bezeichnung »Hoffnung« kommt in ihr das Dramatische zum Ausdruck, das sich in der Jugendkrise oft äußert.

Drei Ausdrucksphänomene, die für Jugendliche besonders bezeichnend sind und in allen Feldern vorkommen können, sollen noch gesondert erwähnt werden. Es sind die ironisierende Darstellung, die Sicht aus der Vogelschau und die perspektivische Zeichnung. Die ironisierende Darstellung findet sich besonders häufig im Alter der Vorpubertät und Pubertät, also etwa vom 11. Lebensjahr ab. Sie bringt eine Tendenz zum Ausdruck, sich von der eigenen unmittelbaren Lebenshaltung zu distanzieren. Das aber ist in diesem Alter durch das Herauswachsen aus den gewohnten Bindungen gerade aktuell. Gestaltungen solcher Art sind deshalb jetzt ganz natürlich. Die Dinge des Lebens und die Normen der Umwelt pflegen in Frage gestellt zu werden, damit sich eine eigene Position anbahnen kann. Dabei geht es im allgemeinen um harmlose Witzelei, nicht um Kritik oder gar um das Ringen um eine Problemerkenntnis. Beides kann später einsetzen oder auch nicht. – Um selbständig sinnvoll handeln zu können, bedarf es eigener Einsicht. Der Weg zu ihr beginnt mit einer Distanzierung, um objektive Übersicht zu gewinnen. Sie zeigt sich in den häufigen Zeichnungen aus der Vogelschau. Hier kommt ein ausgesprochenes Bedürfnis nach Orientierung zum Ausdruck, das beim Jugendlichen aus seiner Übergangssituation entspringt, in der er eine eigene Weltorientierung gewinnen muß. – Ähnlich ist es mit der dritten Dimension in der Zeichnung, die in der Pubertät plötzlich auftritt.[12] Sie ist sicher nicht nur auf größeres zeichnerisches Können zurückzuführen, sondern auf ein sowohl im wörtlichen als auch im übertragenen Sinne aufbrechendes Tiefenerleben. Es ist die intensiver erlebte Innerlichkeit, die sich auch in einer Zunahme der Bild- und Sinnlösungen zeigt. Das Auftreten der Perspektive in einem Test zeigt uns, daß sich die Fähigkeit zum Tiefenerleben jetzt anbahnt.

Bei der Verwendung des WZT in der Jugendberatung hat sich herausgestellt, daß auf bestimmte zentrale Fragestellungen *jeweils zwei Felder kombiniert* Auskunft geben. Die vier wichtigsten Themenkreise für die Jugendproblematik sind: das Selbstgefühl, die Kontaktfähigkeit, das Leistungsvermögen und das Weltgefühl.

Im Selbstgefühl erlebt der Jugendliche das eigene Ich-Selbst, das Ich in seinem Kern, wie es sich von frühester Kindheit an im Horizont einer angemessenen Geborgenheit entfaltet. Über das Ich-Erleben gibt nun Feld 1 Auskunft, über das Geborgenheitserleben Feld 8. Diese beiden Felder müssen also hier zusammen befragt werden. – Die Kontaktfähigkeit

---

[12] Vgl. dazu *Edmund Westrich:* › Die Entwicklung des Zeichnens während der Pubertät ‹, Frankfurt a. M. 1968.

zeigt sich im sensiblen, emotionalen Verhältnis zum Partner oder zur Umwelt, wie es von den Zeichen der Felder 2 und 7 angesprochen wird. Der Bereich des Gefühls (Feld 2) und der der Sensibilität (Feld 7) betrifft jene kostbaren Antennen, welche die Umwelt in ihrem Eigenanspruch aufnehmen können. – Leistungen erfolgen im allgemeinen nach Normen, wie sie in jeder menschlichen Gesellschaft in variierenden Formen zu finden sind. In der Antwort auf die Zeichen 3 (Steigerung) und 5 (Spannung) drückt der Zeichner die Art und Weise aus, in der er auf Leistungsanforderungen reagiert. – Das Weltgefühl des Kindes ist naiv und selbstverständlich. Dies ändert sich nach der Pubertät, in der die bisherige Sicherheit des Weltgefühls schwindet. Das führt zu dem, was wir die ›Jugendkrise‹ nennen. Dem jungen Menschen wächst nun die Aufgabe zu, das Weltbild der Familie und Gesellschaft, das ihm in der Kindheit die Normen und Werte gesetzt hat, zu überprüfen und es zu eigen zu nehmen oder abzustreifen. Er muß zu einer eigenen Weltorientierung, zu einer neuen Ganzheit seines Lebens finden. In den Feldern 4 und 6 wird sich niederschlagen, was der Mensch als ›Schwere‹ (Feld 4) erlebt und in welchem Horizont der Geschlossenheit oder Offenheit (Feld 6) er damit fertigwerden kann.

Die gefundenen Entsprechungen sind sicher nicht rein zufällig. Die Hauptfragen in der Beratung zielen auf die zentralen Seiten der Persönlichkeit und haben daher einen anthropologischen Hintergrund. Auch der WZT wurde nach strukturellen Gesichtspunkten entworfen, auch er will die wesentlichen ›Schichten‹ der Persönlichkeit ansprechen. Er ist also ebenfalls anthropologisch verankert. Die gemeinsamen strukturellen Grundlagen ließen sich im Rahmen einer Persönlichkeitstheorie aufzeigen, wofür hier nicht der Ort ist.[13]

Im Folgenden soll aber an konkreten Beispielen die Ergiebigkeit der kombinatorischen Auswertung in den vier The-

---

[13] Weiter ausgeführt in meiner demnächst erscheinenden ›Graphologie des Jugendlichen II‹ (Unterscheidung von Ich-Selbst, Ich-Imago, Wir-Imago, Welt-Imago).

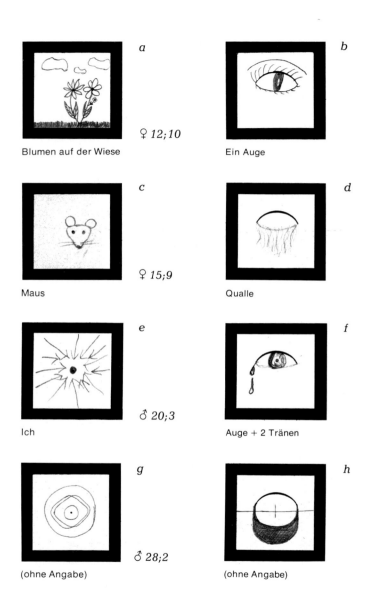

Abb. 23: Kombinationen Felder 1 und 8

menkreisen gezeigt werden. Für jeden werden vier Kombinationen verschiedener Zeichner gebracht.

23 a und b stammen von einer 12jährigen, die noch ganz in mädchenhafter Selbstgewißheit lebt. Allerdings mag auch schon das Ich-bin-Ich-Erlebnis virulent sein, die Doppelung der Blume (a) könnte darauf hinweisen. Unterstützt wird diese Vermutung durch das Auge in b. – Ganz anders erlebt sich die schon fast 16jährige, wie die Felder *23c und d* erkennen lassen. Daß die Frage nach der Geborgenheit mit einer Qualle (d) beantwortet wird, könnte fast eine künstlerische Inspiration sein, so sehr trifft es die Situation: das Mädchen hat zugleich viele ›Elternhäuser‹ und kein wirkliches. Das Mäuschen in *23c* spricht vom schwachen Selbstgefühl des Mädchens, unter dem sie vor allem litt, wie sie im Gespräch klagte. – Das sternförmige Ich des 20jährigen in *23e* ist von Pfeilen umgeben, die es bedeutend finden oder bedrohen. Tatsächlich ist im Lebensgefühl des Zeichners beides abwechselnd und ganz unausgewogen der Fall. Die Tränen im Auge *(23f)* sprechen eher für die Bedrohung – zur Zeit. Es handelt sich übrigens um den unausgewogenen Zeichner von Test XVII. – Schießlich findet sich in *23 g und h* der Ausdruck des Ich-Erlebens eines jungen Mannes in einer Psychoanalyse. Der ganze Test ist formal überspielt, was häufig bei Verdrängungen der Fall ist. Die Teilung und die Dunkelung in *23h* lassen bezweifeln, daß es hier schon ein Anzeichen der Gesundung gibt.

24a und b wurden von einer Assessorin am Beginn des Schuldienstes gezeichnet, die während ihrer Ausbildung, wie sie es ausdrückte, keine Zeit zum Leben hatte und nun wegen ihrer beachtlichen Kontaktschwierigkeiten die Beratung erbat. Das Zeichen 2 des Schwebenden und Atmosphärischen wird sehr eindrucksvoll gezeichnet und bringt ihre hohe Gefühlsansprechbarkeit zum Ausdruck. Die Ergänzung in b könnte ein Traumbild sein – der Kontakt zum andern Geschlecht war bedenklich gestört, aber von zarten Wünschen erfüllt. – Die Bilder *24c und d* stammen von einem wohlerzogenen und reifen Mädchen, das im mitmenschlichen Um-

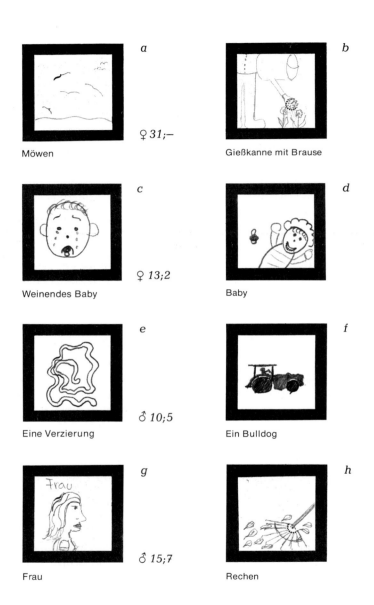

Abb. 24: Kombinationen Felder 2 und 7

gang für 15 gehalten werden konnte. Durch einen plötzlichen und begründeten Verlust ihres Vertrauens zur Mutter kam es zu einer Regression, was sich hier auch im Test ausdrückt. Es war eine ›gesunde‹ Reaktion ihrer Psyche, denn sie war der gegenwärtigen Situation in keiner Weise gewachsen. – Die Felder *24e und f* zeichnete ein hart geforderter Junge, der unter großem Druck die Hürde zur Oberschule geschafft hatte. Das bedenkliche Überfahren der Sensibilität in f wird durch das formale Überspielen des Zeichens in e ergänzt. Beides zusammen legt uns den Gedanken nahe, daß das Opfer für die Schullaufbahn vielleicht doch zu hoch war. – Zuletzt die normale Jugendproblematik eines fast 16jährigen, dessen Gefühl und Sensibilität vom anderen Geschlecht angeregt wird, der aber auch bei der geringsten Abweisung bis zur Selbstverneinung deprimiert ist. In *24g und h* kommt es deutlich zum Ausdruck.

Das Zeichen 3 des Strebens und der Steigerung ist naturgemäß im Zusammenhang mit dem der Spannung und Dynamik zu denken. Finden wir hier einen Gleichklang, so können wir mit unproblematischer Leistungsfähigkeit rechnen. Dies ist z.B. in *25a-b* der Fall. Der 12½jährige hat das Zeichen in die subtile Körperspannung eines Fußballspielers umgesetzt (a), der dabei ist, einen gezielten Schuß abzugeben. Ebenso einfallsreich ist das Zeichen der Steigerung beantwortet worden. Die Brücke ›spannt‹ sich über den Fluß (b). Hier ist die Perspektive mit der Bewegung des Strebens in Einklang gebracht worden. – Ebensoviel Dynamik, ja fast noch mehr wird durch die Rakete *(25c)* ausgedrückt, die ›auf dem Weg zum Mond‹ ist. Der Rückstoß geht über den Bildrand hinaus. Aber die Ergänzung im Feld der Steigerung gibt zu denken. Da steht er nun, der Hochhinaus, auf einem Wolkenkratzer *(25d)*, wirft die Arme in die Luft und denkt an Selbstmord. Der Junge orientierte sich an zwei älteren, mathematisch hochbegabten Brüdern und erreichte ihr Können bei weitem nicht. Seine eigene hohe künstlerische Begabung bedeutete ihm nichts. – In den Feldern *25e und f* werden die Linien zwar weitergeführt, dagegen nimmt der

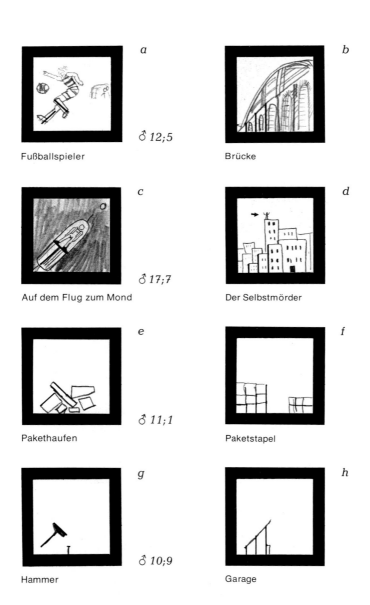

Abb. 25: Kombinationen Felder 3 und 5

16jährige den Charakter der Zeichen nicht auf. Die ›Spannung‹ wird zu einem zusammenbrechenden › Pakethaufen ‹, und die eine Steigerung provozierenden Striche blockiert der Zeichner durch einen › Paketstapel ‹. Wie in der Traumdeutung, sind hier die Pakete als das zu Tragende, das Belastende zu verstehen. – Schließlich haben wir in *25g* den Ausdruck eines Affektstaus. Hammer und Nagel sind fixierend geschwärzt, die Spannung fließt nicht ab, sondern wird niedergeschlagen. Die Ergänzung im Feld der Steigerung *(25h)* zeigt uns ein frühes Abbrechen der aufsteigenden Linie, die zum Dach einer Garage wird. Das Thema der Steigerung ist nicht aufgenommen. Dies ist das Kind einer strengen und anspruchsvollen Mutter, die es straff erzieht und autorität steuert. Die Ehe mit dem weicheren und gefühlbetonten Vater, dessen Mentalität das Kind geerbt haben könnte, ist geschieden. Der Junge ist schwerer Legastheniker.

Die Schwere und Problematik wird besonders nach der Pubertät mit dem Thema der Ganzheit und Geschlossenheit zusammenhängen. Je › schwerer ‹ und problematischer das Leben ist, desto mehr bedarf es der Orientierung an einer ganzheitlich gesehenen Weltimago. – In *26a* gliedert die 12jährige das Zeichen in ein Muster auf hellem Untergrund ein. Ebenso schlicht, dabei Geborgenheit ausstrahlend ist das Fenster in *26b.* – Ganz anders in *26c.* Nur scheinbar liegt hier eine belanglose Formlösung vor; die Art, wie das schwarze Karree ergänzt ist, deutet bereits auf ein Problem hin. Das kommt sowohl in den affektiv geschwärzten umgebenden Rändern als auch in der Strich- und Flächenbehandlung des Feldes zum Ausdruck. Das Karree selbst wiederholt sich unten links spiegelbildlich. Die Fläche wird jedoch von dem 18jährigen in zweierlei Strichstärken spürig schraffiert; hier zeigt sich die rationale Einstellung des Zeichners. Dennoch gibt es keine Geschlossenheit im Feld 6 *(26d),* die Ganzheit ist explosiv durch Streichhölzer angedeutet. Der 18jährige ist unehelicher Sohn, als Schlüsselkind großgeworden; seine Gruppe ist eine Rockerbande. – Spannungsreich und uneinheitlich sind die Ausführungen *26e und f.* Der Tunnel führt

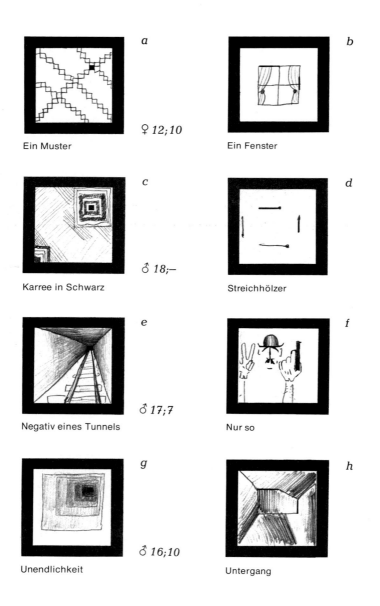

Abb. 26: *Kombinationen Felder 4 und 6*

endlos ins Dunkle (e). Die Bezeichnung leitet uns aber an, das Ende als Licht zu sehen, denn das Bild soll ›Negativ eines Tunnels‹ darstellen. Im ergänzenden Bild (f) finden wir Motive aus der Erlebniswelt eines 17jährigen, die er nicht erklärt. Wahllos zusammengestellte Themen der Jugend klingen hier an, welche die Unsicherheit des Standpunktes in diesem Alter ahnen lassen. – Allgemein, aber auch mit der Schwermut seines Lebensalters benennt der fast 17jährige seine Darstellung *26g und h*. Feld g regt uns an, in einen Schacht zu schauen, der mit ›Unendlichkeit‹ bezeichnet ist. In Feld h finden wir die Geschlossenheit durch fünf Flächen hergestellt, die affektiv gedunkelt und überdies rational schraffiert sind – eine sinnvolle Kombination bei der Stimmungslage des Zeichners. Das Ganze wirkt perspektivisch, wiederum wird der Blick in eine Tiefe hineingesogen. ›Untergang‹ nennt es der 17jährige, der noch am Beginn des Lebens steht.

Zuweilen drängen Tests auch dazu, einfach *fortlaufend von 1 bis 8* gelesen zu werden. Das sei an Beispiel 27 gezeigt.

Die 24jährige Zeichnerin dieses Tests war von der Mutter zu mir geschickt worden; die Tochter sei zwar immer gehorsam, sie ziehe sich jedoch mit einem ihr, der Mutter unbekannten Problem in sich zurück. Die Tochter kam, sie blieb aber verschlossen und sichtlich ablehnend. Die erbetenen Tests füllte sie gehorsam aus. Erst als ich ihr aus dem WZT das sie bedrängende Problem buchstäblich ablesen konnte, ›brach das Eis‹ und ein über mehrere Stunden dauerndes Gespräch begann. Es blieb das einzige, aber wie ich von der Mutter hörte, war die Spannung zwischen ihr und der Tochter behoben.

Der Test ergibt folgendes Bild: (1) Das junge Mädchen drängt nach Selbständigkeit, sie will ihr Schiff allein steuern. (2) Die Gefühle können sich jedoch nicht harmonisch entfalten, die Situation im Hause läßt die Flammen affektiv lodern. (3) Im Kontrast hierzu steht die konventionelle Haltung und Leistung, die dem hohen Stand der Familie gemäß

Abb. 27 ♀ 24;–   (ohne Erläuterungen)

repräsentativ, wenn auch mit künstlichem Halt (Geländer) erfüllt wird. (4) Als Problem erweist sich die Mutter (Königin). (5) Der Inhalt des Problems ist, daß der Lebensdrang des Mädchens sich nicht organisch entfalten kann, weil er künstlich beschnitten wird (gefällter Baum). (6) Das Mädchen ist frustriert und sucht die Geschlossenheit im Studium (Bücher), das sich jedoch nicht in den Raum einordnet, sondern ihn restlos ausfüllt, ja überbordet. (7) Der sensibel empfundene Appell an das Gefühl geht vom Bild der Frau aus, wie es seit Generationen (Ahnenbilder) in ihrer Familie tradiert wird. (8) Das affektiv (Dunkelung) erstrebte Ziel ist es, die bedrängenden seelischen Probleme (Hochwasser) sicher und souverän zu überbrücken.

Es war nicht schwer, dem Mädchen zuzureden, seine berechtigte Forderung nach mehr Selbständigkeit und Eigenleben höflich, aber fest durchzusetzen unter Hinweis auf den Wandel der Einstellung zum Leben der Frau.

Bei der Beratung von Jugendlichen legt es sich nahe, die Entwicklung der Persönlichkeit sorgsamer zu verfolgen als beim Erwachsenen. Liegt hier doch zwischen Kindheit und Erwachsensein ein gesetzmäßiger Strukturwandel der Persönlichkeit zugrunde. Besonders aufschlußreich sind daher *Kontroll-Tests,* die einige Zeit nach der ersten Beratung aufgenommen werden. Die jetzt veränderten Inhalte des Erlebens, seien sie durch die weitere Altersentwicklung oder durch Einflüsse der Beratung oder Therapie hervorgerufen, geben uns lebendigen Aufschluß über Veränderungen im seelischen Zustand unseres Schutzbefohlenen oder Patienten.

Drei Beispiele sollen das veranschaulichen, die jeweils den ersten WZT und einen späteren Kontrolltest zeigen. Im ersten Fall *(Abb. 28a-b)* hat sich inzwischen durch die Pubertät ein an den Bildern ablesbarer Einbruch in die eigene Innerlichkeit vollzogen. Im zweiten Fall *(Abb. 29a-b)* ist durch eine von dem jungen Mädchen selber gewünschte Gesprächstherapie eine Verdrängung im Abbau begriffen, was

a) ♀ 13;4

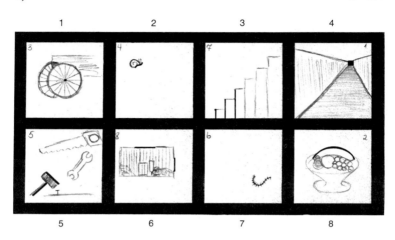

1. Wagenräder 2. Schnecke 3. Treppen 4. Ganz langer Gang wo es hinten dunkel ist
5. Hammer 6. Meerschweinchenkäfig 7. Tausendfüßler 8. Obst

b) ♀ 14;0

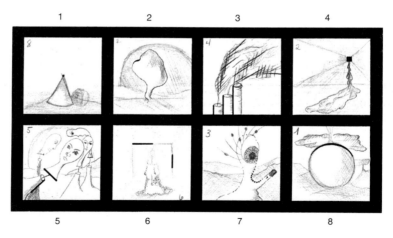

1. Die einsame Mutterliebe 2. Der Landsauger und die schwarze Sonne
3. Die drei Duftrohren 4. Der Abfluß
5. Das Land von durcheinandergeratenen Menschen 6. Die Kerze in einem Raum
7. Der Autofinger 8. Die einsame Kugel

Abb. 28

a) ♀ 18;–

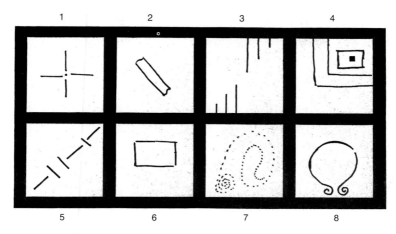

(ohne Benennungen)

b) (½ *Jahre später*)

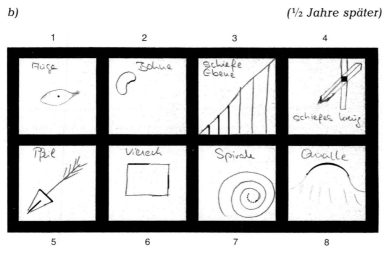

1. Auge   2. Bohne   3. Schiefe Ebene   4. Schiefes Kreuz   5. Pfeil
6. Viereck   7. Spirale   8. Qualle

Abb. 29

a) ♀ *18;4*

(ohne Benennungen)

b) *18;7*

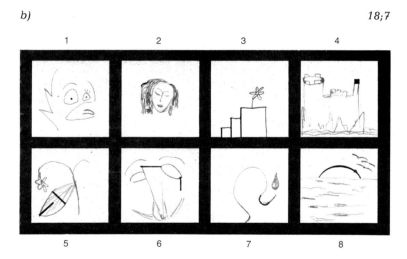

(ohne Benennungen)

Abb. 30

die Auseinandersetzung mit moralischen Schuldgefühlen einleitet. Im dritten Fall schließlich *(Abb. 30a-b)* haben wir zwei Tests einer 18jährigen Schülerin. Der erste wurde kurz nach ihrem zweiten Suicidversuch aufgenommen, der zweite nach einer erfolgreichen Gesprächstherapie von nur drei Monaten, in der ihr gleichzeitig ein geeignetes Berufsziel nahegebracht werden konnte.[14] – Die Testbilder sollen hier für sich selber sprechen.

Die Hinweise dieses Kapitels mögen als Anregung dienen. Natürlich wird sich jeder Psychologe beim Auswerten eines WZT nach den konkreten Umständen richten, nach seinem Gegenüber, dem vorliegenden Test, der Situation und der besonderen Problematik, die den je individuell richtigen Zugangsweg zum Ratsuchenden und zu seinem Ausdrucksbild zu eröffnen pflegen.

Die im anschließenden Teil des Buches ausgeführten einundzwanzig Testbesprechungen mögen einen Einblick in die Gesamtauswertung einzelner WZT's geben, wie sie in der Beratungspraxis vorliegen. Ich habe die Auswertungen alle in der gleichen Weise gegliedert, um meinen Lesern die vergleichende Übersicht zu erleichtern.

---

[14] Ausführlicher dargestellt in › Familiendynamik einer jugendlichen Borderline-Patientin im psychologischen Test ‹, in: Dynamische Psychiatrie, a.a.O.

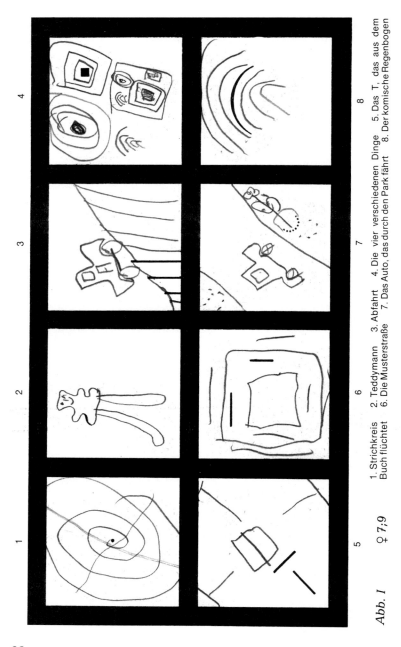

Abb. I   ♀ 7;9   1. Strichkreis   2. Teddymann   3. Abfahrt   4. Die vier verschiedenen Dinge   5. Das T, das aus dem Buch flüchtet   6. Die Musterstraße   7. Das Auto, das durch den Park fährt   8. Der komische Regenbogen

Zwanzig Test-Beschreibungen

I

Der Test ist locker und doch sicher ausgeführt. In diesem Alter werden die Felder nicht häufig so souverän als ›Bildrahmen‹ aufgefaßt und so sicher aufgegliedert.

(I) Der Eigencharakter der Zeichen ist aufgenommen. Die bogigen sind rund, wenn auch zum Teil mit geraden Ergänzungen ausgefüllt. Die geraden sind überwiegend linear beantwortet. Eine besonders interessante Lösung gibt es für den Punkt in Feld 1, das Grenzphänomen unter den bogigen Zeichen. Das Mädchen findet hier in der Tat einen Kompromiß und führt ihn sowohl rund als auch eckig fort. Entsprechend ist die Bezeichnung mit ›Strichkreis‹.

(II) Überraschender Weise hat das siebenjährige Kind drei Formlösungen, 1, 4 und 5, die es phantasievoll benennt. Ebenso erstaunlich sind für dieses Alter zwei Bilder, die aus der Vogelschau gesehen werden, 6 und 7. Wir finden nur eine echte Sachlösung (2), zwei Bildlösungen (3 und 7) und im übrigen Formlösungen.

(III) Die Darstellungen in 1 und 8 sind besonders weich und rund ausgefallen und geben Auskunft über die Gefühlsbetontheit des Mädchens – dies obwohl sie mehr Formlösungen und somit dem rationalen Denken zuzuordnen sind. Besonders gelungen ist der Teddybär in 2, der auch ein dem Alter angemessenes Thema, ein Spielzeug, behandelt. Daß zweimal Autos auftauchen, ist bei der modernen Lebensweise heutiger Kinder leicht zu verstehen, die mit Autos vertraut sind wie mit Stühlen und Tischen. Im Zeichen der Steigerung 3 ist das Auto jedoch nur Ergänzung der ›Rampe‹, und in 7 soll es die ›Straße‹ füllen. Daß in diesem Feld die zarten Punkte zu einer Blume am Wegrand werden und daß sie noch zweimal wiederkehren, betont deutlich die Aufnahme des Eindruckscharakters. Wiederholungen und überdies Ergänzungen gibt es in 4, wobei das Karo nicht als Lastendes, sondern einfach als Viereck aufgefaßt wird. Die Thematik wird hier gewiß nicht überspielt oder verdrängt, sondern ist nicht relevant für die Lebenssituation. Besonders einfallsreich ist ›das T, das aus dem Buch flüchtet‹ in 5. Hier ist der Spannungscharakter des Zeichens in der Erläuterung enthalten, während das Zeichen selbst formal ergänzt wird. Das Ganze ist eine originelle und für das Alter reife Lösung des Tests.

(IV) Die Strichführung ist durchweg unabgesetzt, sicher und zügig. Der Strichcharakter ist scharf, bis auf die zart gesetzten Punkte in 7.

(V) Das naiv-unbefangene Kind ist in einer extroversen Lebensphase, weltzugewandt und einer Aufgabe (wie der Ausfüllung des Tests) wachbewußt und denkend zugewandt. Das Verspielte und Phantasievolle kommt in der Art der Lösungen zum Ausdruck.

Ein frisches und gut begabtes Mädchen, das sehr gefördert wird. Der Vater (Pädagoge im Hochschulamt) und die Mutter (Pädagogin im Schuldienst) lassen die Kinder (das Mädchen hat einen älteren Bruder) bewußt viel spielen, lieben aber auch die Wortspiele im Gespräch, was sich in den Testbildern niederschlägt. Die verbale und rationale Förderung könnte andererseits mitverursachend für die festgestellte leichte Legasthenie sein. Das Kind ›vertieft‹ sich zu wenig kontemplativ in Gestaltungen.

II

Der schlicht und fast etwas unbeholfen ausgefüllte WZT läßt doch eine Reihe von Aufschlüssen über den kleinen Zeichner zu, die sich durch ergänzende Tests bestätigen und erhärten.

(I) Erstaunlich ist die Konsequenz, mit der das Kind die je bogigen oder geraden Zeichen in den acht Feldern beantwortet. Man kann daraus die Aufgeschlossenheit für seine Umwelt entnehmen, ebenso wie eine ausgewogene Beziehung zu sachlichen und lebendigen Objekten seiner Umgebung. Schaut man sich die Motive in den Feldern näher an, so gibt es vier, die auf Bewegung hindeuten. Da ist vor allem das Echolot in Feld 1, dessen Wellen die eingezeichneten Ringe bilden. Dann haben wir die schlängelnden Kaulquappen in 2, den fliegenden Drachen in 4, das lächelnde oder grinsende Gesicht in 8. Erstaunlich statisch dagegen wirken gerade jene Zeichen, die auf Bewegung angelegt sind, die Dynamik und Streben ausdrücken sollen: In 5 finden wir einen Besen, der überdies noch recht starr wirkt, und in 3 eine Tribüne, die man ja nur besteigt, um darauf zu verweilen.

(II) Außer einer Formlösung in Feld 6, in dem die Geraden zu einem Viereck zusammengefügt sind, finden wir nur Sachlösungen. Das entspricht dem Alter des Kindes, dem Werkalter eines Jungen, der jetzt ohnehin vorwiegend auf Sachen bezogen zu sein pflegt. Ob wir im Test auch Symbole finden, ist schwer zu sagen. Sicher ist Feld 1 besonders interessant ausgefüllt, da es sowohl Bewegung zeigt als auch den Mittelpunkt betont – das Ich –, von dem diese Bewegung ausgeht. Es ist aus der Vogelschau gesehen, was für dieses Alter noch recht selten ist: sollte das Kind schon zur Selbstreflexion neigen? Der außerdem vorliegende Sterne-Wellen-Test bestätigt diese Annahme durch die nachdrückliche Betonung der Sterne.

(III) Die Antworten des Jungen auf die Anmutung der Einzelzeichen sind recht unterschiedlich. In Feld 1 nimmt er

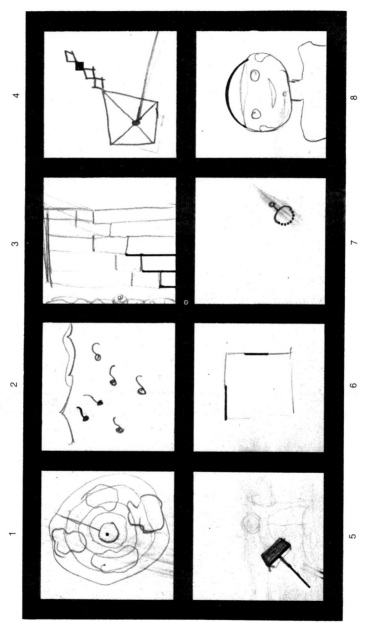

Abb. II ♂ 9;11 1. Echolot 2. Kaulquappen 3. Tribüne 4. Drache 5. Besen 6. Viereck 7. Löscher 8. Mensch

unübersehbar das Thema der Mitte auf, die vertieft wird und ausstrahlt. Der ›Mensch‹ in 8 wird etwas karikiert und wirkt freundlich und unproblematisch. Das Thema der Geborgenheit scheint also für das Kind nicht relevant zu sein. Bemerkenswert ist, daß sowohl 1 als auch 8 mit zartem bis scharfem Strich gezeichnet sind, was auf die Ausgewogenheit von Fühlen und Denken schließen läßt, wenn es um den zentral eigenen Lebensbereich geht. Hierzu sollte der Drache in 4 betrachtet werden, der nun zwar viel betonter ist – auch der Strich ist eher fest als scharf und keineswegs zart – aber das Seil spannt sich, der Drache fliegt, steigt oder steht in der Luft. Die Schwere ist Bestandteil gerade jenes Teiles, der mitgezogen wird, des Drachenschwanzes. Die Schwere ist nichts Lastendes für das Kind, so kann man das Bild deuten. Das sagt auch die Antwort in 3 aus, die Steigerung ist mit Leichtigkeit aufgenommen, und der Zeichner versucht sich, wie in 1, an der Vertiefung des Raumes zur dritten Dimension. Anders das dazugehörige Feld 5. Der Besen verwendet zwar das Zeichen, nimmt aber den Charakter der Spannung nicht auf. Die fixierende Schwärzung läßt einen Konflikt vermuten, der vielleicht durch das etwas langsame Temperament des gemütsbetonten Jungen verursacht wird, mit dem der geschäftstüchtige und strebsame Vater nicht immer einverstanden war. So ist auch die Sensibilität in 7 durch den ›Löscher‹ eigentlich überrollt. Schwingend und bewegt dagegen ist das Thema in 2 ausgeführt, schon ein Übergang von der Sachlösung zu einer Bildlösung, denn der Lebensraum ›Wasser‹ der Tiere ist durch die Wellenlinie angedeutet. Schließlich haben wir die unproblematische, nüchterne und angemessene Lösung des Zeichens für Geschlossenheit und Ganzheit (6) in einem Viereck, das sicher und unabgesetzt mit zartem Strich gezeichnet ist.

(IV) Die Strichcharaktere sind trotz etwas unbeholfener Zeichnung vielseitig. Vergleichen wir den festen Strich in 4 mit dem zarten Strich in 6 und nehmen wir den scharfen der Wellenlinie in 2 hinzu, so können wir auch bei der Diagnose der Stricharten vermuten, daß das Kind vielseitig und ansprechbar sein wird und unbefangen agiert.

(V) Das Problem, das sich in der Ausführung der Felder 5 und 7 andeutet, soll dabei nicht übersehen werden: Wenn die Dynamik gestaut und die Sensibilität überfahren ist, so fragen wir tunlichst, welcher Druck auf dem Kind lasten könnte. Daß er nicht gravierend ist, vielleicht sogar eigene Impulse zu stärken vermag, lassen die übrigen Antworten des Jungen vermuten.

Gemütswarmes und noch recht verspieltes Kind, das der ehrgeizige Vater ständig zu fördern versucht. Er kann die Gutwilligkeit und Träume von Zielen bei dem Jungen wecken, nicht dagegen eine größere Anstrengung im schulischen Lernen erreichen.

III

(I) Das Mädchen nimmt konsequent die formale Eigenart der Zeichen auf. Dies ist besonders beachtlich, da das Zeichen 1 mit einem ›Muster‹ nur formal überspielt ist, hierbei jedoch die Rundung aufmerksam beachtet wird, die der Punkt in diesem Feld herausfordern soll. Nicht weniger erstaunlich ist die fein eingebaute Wellenlinie an dem wuchtigen ›Berg‹ in Feld 2, der so gar nicht zu dem Zeichen des Schwebenden passen will. Schließlich lassen auch die kreisförmige Ergänzung des Zeichens 7 und auch die Rundung des als ›Clown‹ bezeichneten Kopfes in Feld 8 auf die Ansprechbarkeit der Zeichnerin schließen. Wir müssen dies um so aufmerksamer beachten, als die Mutter über Kontaktmangel der Tochter klagt. Beachtenswert ist, daß die beiden Felder 3 und 5, die über die Leistungsfähigkeit des Kindes Auskunft geben, formal überspielt und zu einem inhaltlosen ›Muster‹ gemacht sind – für dieses Alter seltene Lösungen.

(II) Nicht häufig findet man, wie im vorliegenden Test, in diesem Alter drei Formlösungen. Von den fünf Sachlösungen sind ebenfalls zwei formalisiert, denn 4 gleicht mehr einem Muster und 7 hat wenig mit einem erkennbaren Buchstaben zu tun. Die drei echten Sachlösungen 2, 6 und 8 sind schlicht.

(III) Von der inhaltlichen Aussage des Tests scheint besonders der ›Berg‹ in Feld 2 bemerkenswert. Es ist erstaunlich, daß ein Kind die vorgegebenen Anmutungszeichen formal so gut beachtet, dann aber in das Feld mit dem Zeichen des Leichten und Schwebenden einen derartigen Klotz von einem Berg zeichnet. Hier muß der Zeichenstrich zusätzlich herangezogen werden, der den Berg fest-deftig umrandet: Ausdruck der vitalen Wucht, wie sie sich auch der Mutter in dem massiven Trotz des Kindes zeigt. In Kontrast hierzu steht die sanfte Tönung der Fläche, die des Kindes emotionale Beteiligung an dem gespannten Verhältnis zur Umwelt verrät. Der grinsende Clown in Feld 8 wird schon in der ironisierenden Art des vorpubertären Alters dargestellt. Aber auch das Ge-

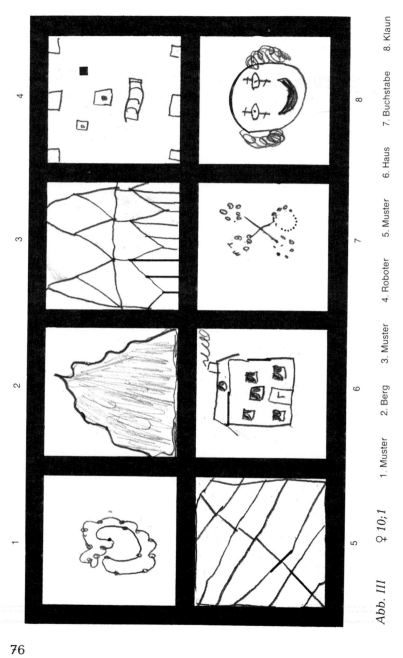

Abb. III ♀ 10;1 1. Muster 2. Berg 3. Muster 4. Roboter 5. Muster 6. Haus 7. Buchstabe 8. Klaun

sicht des Roboters (4) scheint uns wie eine Fratze anzuschauen. Daß im Zeichen der Schwere und Problematik ein ›Roboter‹ steht, könnte bedeutsam sein: die Atmosphäre zuhause ist von Fleiß, Arbeit, Leistungswillen geprägt. In Feld 6 schließlich wird die Ganzheit und Geschlossenheit durch ein Haus ausgedrückt, das ein Leitthema des Kindes sein dürfte. Ein solches Haus entbehrt es seit vielen Jahren.

(IV) Die Strichführung ist fast durchweg unabgesetzt und dabei fest bis fest-deftig, teilweise auch scharf. Der aktive Einsatz des Kindes, seine einseitig rationale und motorische Weltzuwendung, die daraus sprechen, geben in ihrer Einseitigkeit zu denken. Die prinzipielle Ansprechbarkeit, die wir aus den aufgenommenen formalen Eigencharakteren der Zeichen schließen konnten, dürfte nicht ausreichend aktualisiert worden sein. Daß das Mädchen selbst darunter leidet, ist durch die schon erwähnte feine Tönung in Feld 2 sowie mit der sensiblen Punktierung in Feld 7 ausgedrückt.

(V) Das Leistungsversagen und der Widerstand gegen Kontakte, welche auch der Anlaß der Beratung waren, dürften auf eine Störung der Mutter-Kindbeziehung zurückgehen. Dabei sind Protest und Trotz eine Selbstschutzhaltung, das Leistungsversagen hingegen ist eine übliche Folge der emotionalen Störung.

Kind einer intellektuell begabten und interessierten Mutter, die dem schlichten Gemüt der Tochter zu wenig gerecht wird. Überdies ist die Zeichnerin ein ›Schlüsselkind‹, da die Mutter den Lebensunterhalt verdienen muß.

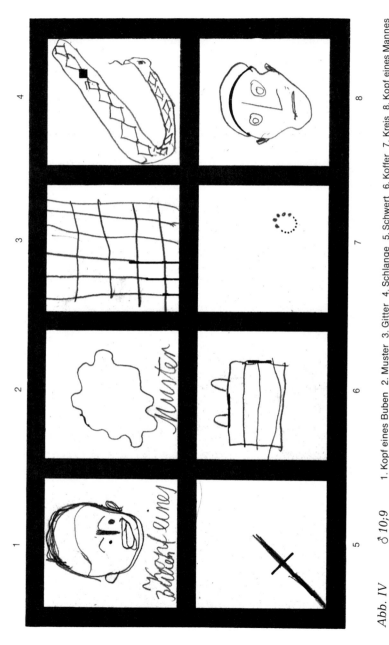

Abb. IV ♂ 10;9 1. Kopf eines Buben 2. Muster 3. Gitter 4. Schlange 5. Schwert 6. Koffer 7. Kreis 8. Kopf eines Mannes

IV

Wer viele WZT's gesehen hat, würde den vorliegenden einem 7jährigen Kind zuschreiben. Der fast 11jährige Junge ist jedoch Oberschüler mit einer recht guten und geschulten Intelligenz.

(I) Die Ansprechbarkeit des Jungen durch die Außenwelt ist daraus ersichtlich, daß die Zeichen der acht Felder weitgehend aufgenommen worden sind. Allerdings wirkt das Ganze etwas unlebendig, trotz der zwei Köpfe in Feld 1 und 8, die beide eher wie Masken wirken. Die Antworten sind überwiegend dinglich, des Kindes Interessen werden sachbezogen sein. Die Unruhe der Bilder bestätigt sich im sozialen Verhalten des Kindes.

(II) Die zeichnerischen Einfälle bieten zwei Formlösungen und vier Sachlösungen. Es überrascht, daß die Formlösungen gerade jene beiden Zeichen beantworten, welche Gefühl und Sensibilität ansprechen sollen: das Schwebende der Anmutung (2) wird zum › Muster ‹, das punktierte Zeichen für Sensibilität (7) zum › Kreis ‹. Diese Reaktion, die zwar die Form des Vorzeichens aufnimmt, den Charakter aber formal überspielt, läßt uns nach der Gefühlsbeschaffenheit und Gefühlsentwicklung des Kindes fragen. Es ist zwar ansprechbar, aber nicht im echten Sinne mitfühlend. – Sachlösungen sind bei einem 10jährigen im › Werkalter ‹ normal. Wenn sie dabei wie hier auch aussagehaltige Sinnlösungen sind, läßt das erkennen, daß die Tiefenpsyche des Kindes nach Ausdruck drängt.

(III) Wir erkennen in den Feldern 1 und 8 zwei Gesichter, die fast eindringlich auf die Vater-Sohn-Beziehung verweisen. Es ist vielleicht nicht zufällig, daß beide Zeichnungen, selbst bei Berücksichtigung begrenzter Zeichenbegabung, eine gewisse Starre erkennen lassen. Ebenso müssen wir die Betonung der Augen in beiden Köpfen beachten, sie als Ausdruck des Bedrängenden, des Fordernden empfinden. Im Zusammenhang mit den formal beantworteten Zeichen des Gefühls 2 und 7 werden wir uns fragen müssen, ob das Kind nicht etwa überfordert worden ist. Betrachten wir also zunächst die Felder 5 und 3, die uns über seine Beziehung zur Leistung Auskunft geben können. Die ›Spannung‹ in Feld 5 ist sehr wohl beachtet, aber sie wird zum aggressiven Schwert, das überdies noch – Hinweis auf die affektive Beteiligung am Thema – fixierend geschwärzt ist. (In der Tat erwies sich das Kind in der Gruppe als ungewöhnlich aggressiv, was die Einordnung schließlich unmöglich machte.) Dagegen läßt Feld 3, der Ausdruck der Strebung, durch das gezeichnete Gitter eine Blockierung erkennen, welche die Abreaktion der Affekte auf ungeeignete und willkürliche Objekte verständlich machte. Die sinnvollen Strebensziele sind vergittert, verbaut, vielleicht verunmöglicht durch Ursachen, die genauer erfragt werden müssen. Es bleiben noch die Felder 4, Schwere oder Problematik, und 6, Geschlossenheit oder Ganzheit. Erstaunlich ist, wie aufgeschlossen das Zeichen 4 beachtet wird, und wenn auch nur als Teil des formalen Musters einer Schlange, die selbst das Schwere, hier als Bedrohliches, repräsentiert. Hier sind Sinnlösung, Formlösung und Sachlösung kaum zu trennen und bilden das Ganze einer inhaltsträchtigen Aussage, die durch das Schicksal des Kindes verständlich wird. Der ›Koffer‹ in Feld 6 beantwortet die Frage nach der Ganzheit positiv und stellt sie zugleich wieder in Frage. Die Ganzheit ist nur auf Abruf gewährleistet.

(IV) Der Strich ist durchweg fest, massiv; nur selten ergibt sich eine Lockerung wie etwa in Feld 2. Hierin kommt der wenig differenzierte, fast durchweg motorisch gesteuerte Einsatz des Kindes zum Ausdruck. Der nicht eigentlich gestörte, sondern eher eintönig feste Zeichenstrich steht im Widerspruch zu den recht traurigen Bildlösungen.

(V) Das Zeichen der Schwere (4) wird als Schlange, das der Spannung (5) als Schwert dargestellt. Was kann in dem Kind vorgehen, daß es das Leben offenbar als so bedrohlich empfindet. Allein schon hierdurch wird verständlich, daß der Junge mit Unruhe reagiert. Dazu kommt noch die Sperrung im Zeichen der Strebensthematik (3) und vielleicht doch auch der maskenhafte Kopf im Feld der Geborgenheit (8), welche ein Kind mit ungebrochenem Urvertrauen so nicht ausfüllen würde.

Sohn einer psychotischen Mutter, die bis in sein schulpflichtiges Alter hinein fast alleinigen Einfluß auf das Kind hatte. Der Junge kam dann in wechselnde Umgebungen stets liebevoller und wohlmeinender Fürsorge, die aber das Defizit aus der frühen Kindheit nicht aufholen konnte. Überdies kann natürlich eine erbliche Belastung nicht ausgeschlossen werden.

Abb. V ♀ 12;2 1. Gesicht 2. Gesicht 3. Gesicht 4. Gesicht 5. Gesicht 6. Gesicht 7. Gesicht 8. Gesicht

V

Der vorliegende Test wird durch die Wiederholung ein und desselben Motivs überraschen. Bedeutsam ist dabei, daß Themen und verwendete Elemente wiederkehren, aber zugleich intelligent variiert sind. Es sind alles › Gesichter ‹: ansprechend, auffordernd, auch bedrohlich, wenn auch in skurriler Verzerrung. Hierin ist ebenso Reichtum wie Eintönigkeit enthalten. Sicher sind die Figuren starr oder erstarrt in ihrer gespreizten Stachligkeit. Und doch liegt soviel Bewegtes darin, sobald man sie im einzelnen betrachtet.

(I) Die immer wiederkehrenden Gesichter binden durchaus die Zeichen ein, enthalten aber in allen Feldern sowohl Bogiges als auch Gerades.

(II) Alle acht Felder enthalten Formlösungen. Dennoch ist es wichtig, daß keine abstrakten Formen dargestellt werden, sondern Physiognomisches: das Gesicht, das durch Mimik und Lächeln den seelischen Ausdruck zu vermitteln vermag. Deutet die formale Lösung gewiß eine Verdrängung an, so spürt man dahinter doch das Emotionale, sei es als Wunsch oder als Angst.

(III) Als › Gesichter ‹ bezeichnet das Mädchen selber summarisch alle 8 Felder. Interessant ist, wie die Gesichter sich jeweils an die Zeichen in ihrer Charakteristik anpassen. In 1 wird der Punkt zum Auge, und durch weitere Punkte wird das Motiv spielerisch aufgenommen. In 2 erscheint das ›Bewegte‹ als Haarlocke, nicht ohne Witz auf dem stilisierten Kopf. 3 läßt uns eine Ergänzung und Fortsetzung des längsten Striches in der Vertikalen erkennen, zum ›Gesicht‹ gehörig, und doch die Thematik der Steigerung aufnehmend. Das Schwerezeichen in 4 wird eingebunden in das Gesicht, das durch seinen notgedrungen größeren Umfang nicht an Lockerheit einbüßt. 5 als das Zeichen der Spannung läßt uns einen Kopf auf angedeutetem Hals oder Rumpf erkennen, der tatsächlich von linksunten nach rechtsoben › strebt ‹ – selbst die Haare sind ausgespannt. Die Verbindung in 6 ist bewältigt, die Striche tragen gleichsam das Gesicht, es selber verbindet sie zu einem Ganzen. In 7 wird dem Zeichen der Zartheit wenigstens ein Freiraum gewährt, wenn es dann auch durch das eingefügte Viereck einen massiven Kontrapunkt erhält. In 8 schaut das Gesicht den Betrachter unmittelbar und ernst an und hat damit gerade im Zeichen der Geborgenheit etwas besonders Aufforderndes. Daß hier die Diskrepanz zwischen rundem Charakter des vorgegebenen Zeichens und eckigen Ergänzungen am stärksten ist, unterstreicht noch den Eindruck.

(IV) In nichts kommt die Monotonie des Tests so stark zum Ausdruck wie im Zeichenstrich. Während die stilisierten Gesichter in den acht Feldern in sich originell variieren, ist der Strich überall eintönig »scharf«. Selbst in den Feldern 2 (Bewegtheit) und 7 (Zartheit) gibt es keine subtileren Varianten. In fünf der Felder taucht das Schwerezeichen gedunkelt auf. Hier könnte der Schlüssel für die Störung liegen, die wir bei diesem Test spontan vermuten.

(V) Der Test wirkt zugleich begabt und leblos, was der Situation der Zwölfjährigen entspricht. Die gehemmte Handschrift ergänzt das Bild.

He is number eight
She is number nine
He is number seven.

Die in den ersten Klassen, besonders in der Grundschule, ausgezeichnete Schülerin wird nach dem Übergang auf die Oberschule von ihrer Familie zu Höchstleistungen angespornt. Dazu muß erwähnt werden, daß der Vater Schulrektor ist, während Mutter und Großmutter Lehrerinnen sind. Das von der Familie gesehene Wertbild › intellektuelle Leistung ‹ ist für das Mädchen von früh auf zum bedrängenden Über-Ich geworden, dessen unerbittlichen Forderungen es nicht gewachsen ist. Eine emotionale Versandung droht, die, wie so häufig, einen leicht erklärlichen Leistungsabfall mit sich bringt.

VI

Der ungeschickt gezeichnete Test läßt mit seinen kindlichen Darstellungen kaum eine vielseitige Auswertbarkeit erwarten. Um so mehr wird die nähere Untersuchung überraschen.

(I) Obwohl der Junge offensichtlich zu einer gewissen Starre der Darstellung neigt, sind doch die unterschiedlichen Arten der vorgegebenen Zeichen aufgenommen worden. In Feld 1, 7 und 8 überwiegen die bogigen Striche; dagegen sind die Felder 3, 4, 5 und 6 fast ausschließlich durch eckige ausgefüllt. Die Thematik des Dinglichen überwiegt, nur in zwei Feldern findet sich Lebendiges. Im Unterschied zu der starren Darstellungsart ist der Inhalt eher bewegt: ein lachender Mensch, zum Angriff bereit; eine Rutschbahn, die zur Bewegung auffordert; Teilansicht eines Autos; noch ein Gefährt in Feld 7; schließlich das lachend-bewegte Gesicht in Feld 8.

(III) Daß der Mittelpunkt in Feld 1 Anlaß zur Zeichnung eines nackten Menschen wird, ist am Beginn der Pubertät nicht selten. Hier wird die Gestalt durch fixierende Schwärzung betont, was auf unruhige Erregung des Jungen schließen läßt, die übrigens aus dem gesamten Test hervorgeht. Im Zusammenhang mit 1 ist das Zeichen 8 zu sehen, zumal nur in diesen beiden Feldern des Testes physiognomische Lösungen auftreten. Das Gesicht lacht verzerrt, was nicht nur auf die mäßige Zeichenbegabung zurückgehen wird; eine gewisse Ironie im Ausdruck ist unverkennbar. Auch die Zeichen 2 und 7 sind von Bedeutung. Sie sollen Emotionen ansprechen, zeigen jedoch beide Dinglösungen und sind überdies zu Geräten ausgeführt, die der Motorik dienen. In 2 fehlt der Charakter des Schwebenden, den das Zeichen selber ausdrücklich hat. Das Zeichen 7 der Zartheit und Sensibilität ist gar durch ein Fahrzeug erdrückt, wobei die Punkte durch einen rational-scharfen Strich zu einem der Räder geformt worden sind. Die beiden ›Bewegensaufforderungen‹ Rutschbahn und Kinderauto, fahren bezeichnenderweise nach links und deuten so die Dissonanz zwischen Antriebsthematik und

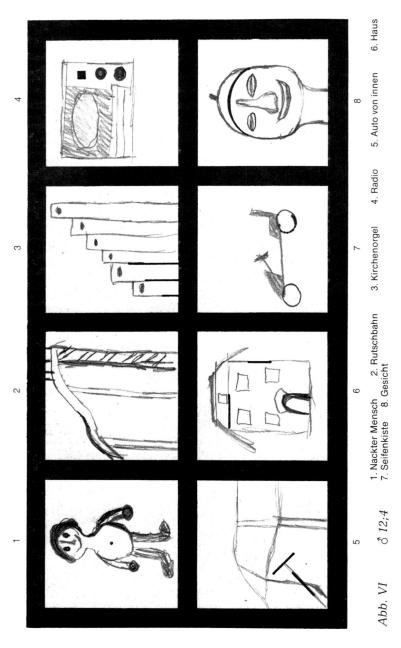

Abb. VI ♂ 12;4 1. Nackter Mensch 2. Rutschbahn 3. Kirchenorgel 4. Radio 5. Auto von innen 6. Haus 7. Seifenkiste 8. Gesicht

konkretem Erleben an. Dementsprechend weisen auch die Zeichen der Steigerung (3) und der Spannung (5) eher auf introverse Erlebnisthemen. Freilich ist das Zeichen 5 mit dem Symbol der Dynamik, dem Steuer des Autos versehen, aber auch dies weist nach links, entgegen der Bewegungsrichtung des Spannungszeichens nach › rechts-oben ‹. Noch verschlüsselter ist die Antwort auf die strebenden Linien in 3, deren Steigerung zwar aufgenommen, dann aber zu einer Kirchenorgel gestaltet wird, einem zu Feierlichkeit und Einkehr einladenden Gegenstand. Schließlich bleiben die Felder 4 und 6 mit der Thematik der Schwere und der Verbindung, der Ganzheit. Beide Felder zeigen Gegenstände, die man benutzen kann. Das Radio stellt man an oder ab; entsprechend geht der Zeichner mit seinen Problemen um. Dabei sind die Schaltknöpfe durch fixierende Schwärzung noch betont. Das Haus im Feld der Ganzheit, an dem die Tür mit der gleichen fixierenden Schwärzung versehen ist, lädt zur Zuflucht ein.

(II) Der starr wirkenden Art der Zeichnung entspricht die einheitliche Ausführung in Sachlösungen. Zwar ist das rational denkende Kind noch im Werkalter, in dem wir eine betonte Sachbezogenheit erwarten können; bezeichnenderweise sind aber in diesem Test auch die einzigen beiden physiognomischen Lösungen durch die Art der Zeichnung versachlicht, obwohl sich hier doch eine Bildlösung nahegelegt hätte.

(IV) Auffällig ist die Verschiedenheit der Strichcharaktere. Wir finden den zarten Strich andeutungsweise an den Orgelpfeifen, den tonigen in 4 und 7. Daß der tonige Strich, Ausdruck sinnenhafter Ansprechbarkeit, überdies schraffiert ist und auf rationale Denkbemühung schließen läßt, ist für das Kind bezeichnend. Schließlich gibt es auch Dunkelungen, die das Zeichen der Sensibilität ›affektiv‹ ergänzen, so in Feld 7 an Teilen des Fahrzeugs. Und auffällig sind fixierende Schwärzungen, die uns Konflikte vermuten lassen, in den Feldern 1, 4 und 6. Wir sollten nicht übersehen, daß die Strichcharaktere zum Teil gestört wirken.

(V) Der um verstandesmäßige Bewältigung bemühte Junge wird durch vorpubertäre Unruhe irritiert und läßt auch unbewältigte Probleme erkennen. Sie äußern sich jedoch zu verschlüsselt und scheinen tiefer liegende Ursachen zu haben.

Die Exploration ergibt einen tiefen Schock durch den kürzlich miterlebten Unfalltod des Bruders. Die warme Atmosphäre des Elternhauses konnte die Wirkung nicht ausgleichen. – Der seelische Schock kam auch in der Baumzeichnung zum Ausdruck (vgl. XX in meinem Buch ›Baum-Tests‹, a.a.O.).

VII

(I)   Der witzelnd gezeichnete Test ist in den Anmutungscharakteren des Bogigen, Runden wie auch des Linearen, Eckigen einfühlsam aufgenommen worden, was für die Eindrucksfähigkeit des Mädchens spricht. Die auffällig runden Formen, die von den bogigen Zeichen provoziert worden sind, deuten auf besonders warme lebendige Gefühle. Die eckigen Zeichen sind weniger ausdrücklich betont.

(II)   Die Zeichnerin antwortet in fünf Feldern mit Bildlösungen, wiederum ein Ausdruck ihrer emotionalen Ansprechbarkeit. Aber selbst die drei Sachlösungen sind Antworten des emotionalen Bereiches: Gesichter, etwas karikiert, dennoch physiognomisch und damit lebendig erfaßt.

(III)   Wenn drei der acht Felder Gesichter zeigen, so könnten wir aus Erfahrung auf ein Sich-angeschaut-fühlen, eine erhöhte Eindrucksempfindlichkeit schließen. Auch das ›Gesicht‹ des Löwen in 7 könnte noch zu dieser Thematik gehören. Die Kraft und Drastik der Darstellungen läßt aber vermuten, daß die Zeichnerin sich hiervon nicht belastet fühlt, sie nimmt den Kontakt heiter auf. Die Gesichter dürften hier von einem Eindrucks- und Kontaktbedürfnis sprechen. Das drollig gezeichnete Gesicht des »weinenden« Babys in 2 und der Kontrast des gut aufgenommenen Sensibilitätszeichens (7) zum Löwen mit gesträubter Mähne deuten schon einen Spannungsreichtum des Gefühlslebens an. Das wird durch weitere Hinweise bestätigt. In den beiden Feldern der Leistung (3 und 5) erkennen wir Gegenstände, die auf Konflikte schließen lassen. Ist im Feld der Steigerung (3) ein Zaun zu sehen, der das Zeichen als Absperrung umfunktioniert, so vermutet man schon ein Gefühl der Eingeengtheit bei der Zeichnerin. Wenn dann in 5 die ›Spannung‹ nicht aufgenommen wird – häusliche Gegenstände sind die Antwort auf dieses Thema –, so fragen wir uns, ob bei dem lebhaften, expansiven Kind nicht das Gefühl des Zwanges, der Gängelung auftaucht, wenn Leistungen, Pflichten gefordert werden.

Abb. VII ♀ 12;4 1. Chinese 2. Baby das weint 3. Garten im Regen 4. Ein Dorf 5. Waschzeug 6. ---..
7. Ein Löwe 8. Eine Maus

Im Übrigen erscheint ja auch in 4 ein Zaun, der das ›Dorf‹ absperrt (das Kind lebt in einem Dorfe). Bei dem expansiven Temperament, das aus den übrigen Bildern zu schließen ist, wird die Abneigung gegen Pflichten verständlich. Neben den Feldern 1, 2, 7, 8, welche seelische Bewegtheit ausdrücken, finden wir in 6 einen Hinweis auf Motorik.

(IV) Strichführung und Strichcharaktere bestätigen die realitätsnahe und extroverse Einstellung des Mädchens zum Leben. Die Bilder sind fast durchweg mit scharfem Strich gezeichnet. Kleine Ausnahmen finden sich in 1, 3 und 7, wo die Strichart zart wird, jedoch auch nur in Teilen des Bildes. Die Strichführung ist unabgesetzt, wodurch das unbefangen-spontane Verhalten des Kindes noch einmal unterstrichen wird. Es finden sich nur einige wenige Dunkelungen, so die Wiederholung des schwarzen Quadrats in Feld 4.

(V) Das frische, expansive und weltzugewandte Kind läßt keine Schwierigkeiten in den Bereichen des Kontaktes und des Selbstgefühls erwarten. Die Andeutungen von Ausdruck des Zwanges in den Feldern 3 und 5 sind nur natürlich, denn in diesem Alter findet oft eine mühsame Auseinandersetzung mit den Forderungen der Erwachsenen statt, von beiden Teilen als Last empfunden.

Kind aus geborgener Familie, ein älterer Bruder. Die Beratung wurde gesucht, ohne daß ein konkretes Problem vorlag.

Abb. VIII ♂ 13;4 1. Auto 2. Alter U.S. Soldat 3. Treppen 4. Alm 5. Zaun 6. Kirche 7. Blume 8. Obstschale

VIII

(I) Die Zeichen in den acht Feldern sind ihrer Eigenart entsprechend aufgenommen: 1, 2, 7 und 8 wurden bogig, 3, 4, 5, 6 dagegen gerade ergänzt. Die hierdurch zum Ausdruck gebrachte Aufgeschlossenheit des Jungen wird überdies durch die Eigenart des Zeichenstrichs bestätigt. Daß er durch Umwelteindrücke beeinflußbar und gegebenenfalls auch störbar ist, werden die inhaltlichen Auswertungen bestätigen.

(II) In allen acht Zeichnungen können wir Bildlösungen finden, bei denen sich zum Teil außerdem Sinnlösungen nahelegen, denn unbewußt scheinen Sinngehalte, Symbole in die Bilder eingeflossen zu sein. Als Sachlösung könnten die Blume in 7 und die Obstschale in 8 gelten; beide haben aber auch Bildcharakter und betonen die Gefühlsnähe der Ausführungen.

(III) Die Anmutung der Einzelzeichen bringt selbständige Lösungen, die bei seiner guten Zeichenbegabung vor allem auf eine geformte Erlebniskraft des Jungen hinweisen. Hier ist nichts diffus, nichts verschwommen. In 1 wird das Zeichen der Mitte oder des Ich durch die Rundung eines Rades aufgenommen, doch aber durch einen Lastwagen, einen ›lastenden Wagen‹, überfahren. Dies könnte das Gefühl des Überlastetseins ausdrücken. Zusätzlich grenzen Zäune den Weg des Gefährtes wie Schranken ab. Wenn wir Last und Einengung des Ich hier symbolisch verstehen, so ist bedeutsam, daß der vordere Zaun direkt durch den Punkt führt: fast ein Kunststück des Zeichners, wenn er es angestrebt haben sollte. Das Zeichen der Bewegtheit (2) ist zu einer Augenbraue gemacht, angemessen als ein Schwingendes. Das dadurch betonte Auge wird ansprechend und eindringlich. In 3 wird in kaum zu übertreffender Weise die Anmutung der Steigerung aufgenommen, indem nicht nur aus den aufsteigenden Stäben eine Treppe gemacht wird, sondern noch eine zweite Treppe angefügt, die nun direkt ›nach oben‹ führt. Aber auch die Treppen werden eingefaßt durch Zäune! Und auch hier hat man weniger den Eindruck des Schützenden als des Abgrenzenden und Absperrenden. Feld 4 läßt das Zeichen des Lastenden zu einem Schornstein werden, ein Bild, das kaum auf das Problem der ›Schwere‹ hinweist. Wir können vermuten, daß der Zeichner diese Thematik noch nicht erlebt. Wichtig ist indes, daß auch hier wieder ein Zaun auftaucht. Den eindringlichsten Hinweis auf Sperren bekommen wir jedoch durch die Ausführung des Feldes 5. Das Zeichen der Spannung wird nicht aufgenommen, es wird aber auch nicht einfach übersehen: die Spannung wird durch ein Gatter verbaut, und die fixierende Schwärzung des Striches weist hier deutlich auf einen Konflikt dieser Thematik hin. Dahinter, jenseits der Sperre, sind Bäume, ist Leben. In 6 schließlich sind die vorgezeichneten Linien verbunden; Kirche, getönte Fläche und Baum vermitteln den Eindruck des Verweilenden, Friedlichen. Im Vordergrund symbolisiert aber wieder ein Zaun die Absperrung. Thematisch sensibel ist das Zeichen in 7 aufgenommen, jedoch ist die Blume mit unangemessen kräftigem Strich ausgeführt. Ebenso wie in 8 die lebensnahe Darstellung im Zeichen der Geborgenheit läßt auch die Lösung in 7 auf die Emotionalität und Wärme trotz der offenbar starken Antriebe des Zeichners schließen, wobei letztere durch die Bewegtheit der Ausdrucksbilder und durch den häufig recht festen Strich ausgedrückt werden.

(IV) Besondere Aufmerksamkeit verdienen die vielfältigen und sehr unterschiedlichen Stricharten. In der Darstellung der Gegenstände überwiegt der Einzelstrich, während Flächen meist in lockerer Pendelstrichmanier gehalten sind. Bemerkenswert ist die Diskrepanz in Feld 1 zwischen der sensuellen Rezeptivität des tonigen Pendelstriches und der Motorik des Lastautos, welches das vom Zaun abgesperrte ›Ich‹ überfährt. Einen analogen Widerspruch zeigt Feld 7, in dem der zarte Strich das Thema ›Blume‹ ergänzt, das Anmutungszeichen dagegen mit festem, triebstarkem Strich umrandet ist.

(V) Ein reich angelegter Junge mit lebendiger und schon

entfalteter Erlebnisfähigkeit, der bei vermutlich großer Leistungswilligkeit gesperrt und in seinen Antrieben gehemmt ist – in fünf der Felder finden sich Zäune – oder gar blockiert – das Auto in Feld 1. Berücksichtigt man das Alter, so ist die massive Beschränkung des Ich (Feld 1) ein Fanal für den Erzieher: der Drang nach Selbstentfaltung könnte endgültig frustriert werden oder sich gar ein Ventil suchen, was weder dem Zeichner noch der Umwelt weiterhilft.

Beide Eltern des Jungen sind berufstätig, ein älterer Bruder spielt eine dominierende Rolle. Der gleichzeitig gezeichnete Baum läßt, wie auch der zwei Jahre früher entstandene, schwere Kontakthemmungen erkennen. Die ausgeprägte emotionale Wärme, auch aus beiden Baumzeichnungen ersichtlich, konnte sich vermutlich niemals angemessen entfalten (Zäune!).

Abb. IX ♂ 13;9

1. Die Spirale 2. Schiff auf dem Meer 3. Der Motorradspringer 4. Der flüchtende Mensch
5. Prisma mit Lichteinfall 6. Das Messer im Baum 7. Nachts auf der Straße 8. Das lachende Gesicht

IX

(I) Die formalen Charaktere der Anmutungszeichen sind in drei Feldern konsequent beachtet: 1 und 8 ist bogig ausgeführt, 5 konsequent gerade. In allen übrigen Feldern gibt es Mischungen von geraden und bogigen Formen, bei denen wir allenfalls vom Überwiegen der für das Feld angemessenen sprechen können, so z.B. in Feld 4. Auffällig ist das Überwiegen von Bewegungslösungen. Die einzige verharrend wirkende in 6 zeigt noch die Folge einer Bewegung, des › Messerstechens ‹. – Einen ansprechbaren, aber auch irritierbaren Zeichner lassen die Darstellung von Lebendigem erkennen, die sich sowohl als Antwort auf runde Anmutungszeichen (7 und 8) als auch auf gerade (3 und 4) finden.

(II) Der formalen Ordnung nach ist die Antwort in fünf Feldern eine Bildlösung, wiederum Ausdruck der emotionalen Ansprechbarkeit. In drei Feldern finden wir Sachlösungen. Sinnaussagen können wir aus allen acht Feldern entnehmen.

(III) Die innere Unruhe des fast 14jährigen kommt so recht in den Feldern 1 und 8 zum Ausdruck. Bei der gut aufgenommenen Mitte ist die Spirale ein Ausdruck des Selbsterlebens, der Mittelpunktsflüchtigkeit, wie sie diesem Alter entspricht. In 8 erscheint ein ironisch gezeichnetes Lachen, der Selbstbespöttelung ähnlich. Die Gefühlsreaktion auf die Umwelt finden wir am deutlichsten in den Feldern 2 und 7. Beides sind Bildlösungen, Ausdruck der Gefühlsansprechbarkeit, aber beide Bilder sind auf den Kopf gestellt, einen gewissen Unernst vorgebend, mit dem ein 14jähriger seine Gefühle behandelt. Beide geben Stimmungen wieder, und auffälligerweise beide nächtliche Szenen, woraus wir eine auch vorhandene schwermütige Komponente der labilen Gefühlslage entnehmen können. Und beide Bilder enthalten Hinweise auf › Licht ‹, Symbol für Geist: in 2 sind es die Sterne, in 7 ist es die Bogenlampe. Besonders auffällig ist, daß in 7 das Zeichen der Sensibilität zur Quelle des Lichtes gemacht wird. – Über die Leistungsfähigkeit gibt uns die Ausführung der Felder 5 und 3 Aufschluß. Bei dem vorzüglich aufgenommenen Zeichen der Spannung (5) ist wiederum Licht das Entscheidende; es wird im Durchgang durch ein Prisma aufgebrochen. Noch einmal wird hier die erwachende geistige Problematik des Jungen angedeutet. Der Lösung in 5 entspricht die Antwort auf das Anmutungszeichen des Strebens in 3: die Steigerung, ausdrücklich betont durch das Motorrad, das dem Drang des Strebens Nachdruck verleiht. Aber der Weg reißt ab: er muß als gelungener Sprung enden oder der Anlauf scheitert. Die Risikobereitschaft im Einsatz ist von einem untergründigen Wissen um die Möglichkeit des Verfehlens begleitet. Sinnigerweise steht vor der Sprungschanze ein Baum, das Symbol des Lebens. – Ergänzende, für die Problemlage des Jungen wichtige Hinweise ergeben die Felder 6 und 4. In 6 wird, mit ›Spätzündung‹, noch einmal das Thema Spannung aufgenommen. War es in dem zuständigen Feld 5 mit dem Thema ›Licht‹ beantwortet worden, worin wir einen Hinweis auf das unterschwellige Selbstwertstreben des 14jährigen finden, so kommt nun im Feld der Ganzheit und Geschlossenheit (6) der Ausdruck des Selbstmachtgefühls ergänzend hinzu; es wird ausgedrückt in der Dynamik des treffenden Messers, das zusammen mit dem Baumstamm das Anmutungszeichen der Ganzheit beantwortet. Die mögliche Ursache für die ambivalenten Antworten des Zeichners auf jene Anmutungszeichen finden wir in 4, wenn wir das Symbol ernstnehmen: der Mensch flüchtet vor der Schwere und Problematik. Ein aufdämmerndes Erleben der Situation mag sich darin anzeigen, daß dieses Feld dreidimensional gezeichnet wird, also die Tiefendimension auch formal bildlich ausdrückt.

(IV)   Im vorliegenden Test sind nun die Strichausführungen von besonders hohem diagnostischen Wert. Wir finden eine große Vielseitigkeit der Stricharten und auch eine beachtliche Angemessenheit des je zur Ausführung verwendeten Striches an das gezeichnete Thema. Besonders auffällig ist dies beim Ausdruck der Konflikte. So ist die Spirale in 1 fixierend geschwärzt, ebenso der Boden des Schiffes und der Mast der Bogenlampe, das ›Tragende‹ in beiden Fällen. Hier liegen die Probleme des Jungen: das in Unruhe geratene Selbstverständnis und das noch unsichere Fundament für den eigenen Ort. In 6 ist die Fläche des Baumes gedunkelt, die affektive Beteiligung an dem gezeichneten Thema kommt hierdurch zum Ausdruck. Zart bis tonig-schwammig ist der Strich des ausfallenden Lichtes in 5, des Haares in 8 und besonders wiederum des Lichtes in 7, hier als einzige Strichweise, die in diesem Bild die Anmutung des Sensiblen aufnimmt. Scharf-konturierende Striche, die uns auf die Denkbemühungen des Jungen hinweisen, gibt es in den Feldern 4 und 8. An weiteren Strichstörungen finden wir vor allem den tonig-schwammigen Strich in 3, mit dem der Baum dargestellt ist. – Die Strichführung ist überwiegend abgesetzt, auch hier ein Ausdruck der Selbstkontrolle und Unsicherheit. Eine Ausnahme ist das Feld 4 mit seinem scharfen und unabgesetzten Strich; die Sicherheit, die hieraus spricht, steht in krassem Widerspruch zu der Unsicherheit, die das Bild des flüchtenden Menschen zum Ausdruck bringt.

(V) Die beachtliche Unruhe dieses Tests wird uns durch das Lebensalter des Zeichners verständlich. Wir finden Ironie in der Darstellung häufig schon in der Vorpubertät, Unruhe und witzige Verdrehungen etwas später und meist auf dem Tiefstand der Selbstungewißheit. Wir können sagen, daß hier die Problematik der Pubertät in besonders hohem Maße zum Ausdruck kommt. Doch finden wir in dem Zeichner einen Menschen, der diese Krise differenziert und vielschichtig erlebt. Er wird zwar besonders gefährdet sein, doch kann sich eine so ansprechbare und sensibel reagierende Persönlichkeit diesen gefährdenden, aber hoffnungsträchtigen Umbruch auch ›erlauben‹. Eine wichtige Ergänzung der Diagnose seines Zustandes ist die hochdifferenzierte und reife, dabei gestörte Schrift.

"Was die das kann, sollte ich das nicht auch können, der ich so viel von den Menschen bonite?" Sospach der

Kind aus verworrenen Familienverhältnissen, das seit dem Kleinkindalter und der damals erfolgten Scheidung der Eltern ständig umquartiert wurde. (Legastheniker.)

X

Der Test wirkt unruhig, teils durch die unterschiedliche Dichte, mit der die Felder ausgefüllt sind, teils durch die kreisenden Bewegungen beim Zeichnen. Dabei ist überraschend, daß die Themen keine ›Handlung‹ ausdrücken.

(I) In allen acht Feldern sind die Zeichen aufgenommen. Wir finden nur in drei Feldern mit geraden Zeichen zusätzlich auch runde Striche. Die lebensnahen Interessen dürften die sachbezogenen übertreffen, was für ein Mädchen dieses Alters nicht verwunderlich ist. Beachtenswert ist, daß in drei Feldern mit geraden Vor-Zeichen das Lebendige überwiegt, so die Kronen der Parkbäume in 3, die Katze in 4, der Garten in 6. Auch die einzigen bewegten Momente finden sich bei geraden Zeichen, die spielende Katze und die Vögel über dem Haus.

(II) Es gibt vier Bildlösungen und vier Sachlösungen.

(III) Die 14jährige kann ihre Mädchenhaftigkeit, ihre Weiblichkeit nicht sinnvoller ausdrücken als mit der Blume im Zeichen des Ich. Vielleicht kann man die Noten dazunehmen, die eine Melodie ausdrücken sollen und damit auch das Atmosphärische des Zeichens beantworten. In krassem Gegensatz hierzu ist die Uhr als Lösung in 8 zu verstehen: Im Zeichen der Geborgenheit bringt sie den Anspruch der Umwelt zum Ausdruck, gesetzte Grenzen und Pünktlichkeit, die von der Zeichnerin ihrer Mentalität nach als Einengung empfunden werden. Wie verspielt sie mit Ordnungsansprüchen umgeht, läßt der ›Ring‹ in 7 vermuten, der das Zeichen für Sensibilität ergänzt, wohlgemerkt mit gedunkeltem Strich, woraus wir die Gefühlsbeteiligung vermuten. Die äußerlichen Interessen werden ihr wohl oft genug zum Verhängnis, wodurch die Spannungen, die aus drei Feldern (3, 4 und 5) zu entnehmen sind, noch verstärkt werden. Die Dynamik in 5 wird erfaßt und mit aktueller Zündbereitschaft beantwortet. Hier deuten sich schon die explosiven Ausbrüche

Abb. X   ♀ 14;3   1. Blume 2. Noten 3. Parkmauer 4. Katze und Mauer 5. Offene Streichholzschachtel 6. Haus und Garten 7. Ring 8. Wecker

an, die das Mädchen laufend in ihrer Umwelt verursacht. Die ›Parkmauer‹ in 3 läßt uns vermuten, daß die Spannung dann nicht natürlich abfließen kann. Das Zeichen der Steigerung ist dabei sehr wohl erfaßt worden. Wie um den Ernst dieser Antwort noch einmal zu betonen, erscheint auch in 4 auf das Zeichen der Schwere und Problematik hin eine ›Mauer‹, fest aus Steinen gefügt, mit einem Weg davor. Bemerkenswert ist übrigens die Strichführung in den beiden Feldern. Während wir in 3 kreisende Striche mit tonigem Charakter haben, die auf die sensuelle Ansprechbarkeit der Zeichnerin schließen lassen, ist die ›Mauer‹ darunter gedunkelt, Ausdruck für affektive Beteiligung am Thema. Im folgenden Feld 4 dagegen ist die Mauer mit scharfem Strich gezeichnet, durchweg mit Geraden, was auf das rationale Denken, die Reflexion schließen läßt. Dies ist noch betont durch die Schraffierung im Vordergrund des Bildes. Tatsächlich konnte das impulsive und oft unbeherrschte Mädchen in der Beratung kühl und distanziert über sich und ihre Situation nachdenken und diskutieren. In Feld 6 schließlich sehen wir als Thema der Ganzheit und Geschlossenheit ein ›Haus und Garten‹, eine ihrem latenten Wunschdenken entsprechende ruhevolle Antwort nach dem eruptiven Ausdruck ihrer Not, die aus den drei zuvor besprochenen Feldern spricht.

(IV) Die Strichcharaktere sind scharf, tonig oder gedunkelt. Es findet sich kein eigentlich zarter Strich im Test, die Rezeptivität ist mehr sensueller Natur, Impulse wechseln mit kühler Ratio. Es gibt aber auch keine fixierende Schwärzung als Hinweis auf Konflikte, die sich bei dem impulsiven Mädchen offensichtlich nicht festsetzen; es hat die Fähigkeit, sie unmittelbar auszudrücken oder sogar aufzulösen (was auch aus dem begleitenden SWT sprach).

(V) Der Test spricht für eine differenzierte Anlage der Zeichnerin, er läßt aber auch ihr unausgeglichenes Wesen erkennen, dessen Spannung am besten in den Feldern 1 (Blume) und 5 (Zündhölzer) zum Ausdruck kommt.

Das Mädchen wurde schon als sehr kleines Kind von den Eltern stark überfordert, als Erwachsene behandelt und gerügt oder bestraft, wenn es – wie man irrtümlich bei Versagen meinte – ›unvernünftig‹ reagierte. Die Freiheit des Spiels und kindgemäßer Entfaltung ist ihr versagt geblieben.

XI

Der Test ist phantasievoll ausgefüllt, zeigt jedoch recht problematische Lösungen.

(I) Die vorgegebenen Zeichen sind nur zum Teil beachtet. Von den bogigen wird das im Feld der Geborgenheit (8) nicht weitergeführt, sondern ergänzt. In 1, der Thematik des Ich und der Mitte, sehen wir außer dem runden Verkehrszeichen ausschließlich gerade Linien, in fast betont kantiger Weise gezeichnet. Dagegen ist das Zeichen der Ganzheit (6), das mit seinen zwei Geraden zu einer eckigen Lösung drängt, in ausdrücklichem Widerspruch dazu mit schneckenhausartigen Kreisen überfahren worden. Aufgeschlossenheit für Umwelteinflüsse scheint hier nicht ausreichend gegeben zu sein. In den Feldern 2 und 7 sehen wir lebensnahe Lösungen. Der Charakter des Lebendigen wird aber durch den Inhalt der Antwort zunichte gemacht, worauf wir zurückkommen werden.

(II) Trotz geminderter Rezeptivität gibt es erstaunlicherweise meist Bildlösungen, so in 1, 2, 3, 7 und 8. 5 können wir als Sachlösung bezeichnen, 4 und 6 als Sinnlösungen, die etwas symbolisch auszudrücken beabsichtigen. Ganz offensichtlich sind aber alle acht Felder sinnträchtig und echter Symbolausdruck.

(III) Der Ich-Punkt in 1 regt den Zeichner erstaunlicherweise zu einer völligen Einmauerung an, die er mit › Zaun ‹ bezeichnet. Auffallend ist, daß der Punkt sehr deutlich das Zentrum einer Tür ist, die zu einer abgeschlossenen Fläche führt, deren Größe man nicht übersieht. Der Junge zeichnet das Bild dreidimensional, was auf seine emotionale Beteiligung schließen läßt. Der Weg führt zum Zentrum, das aber zugleich die Grenze zu einem Verborgenen ist. Links sehen wir ein Verkehrschild › eingeschränktes Halteverbot ‹; rechts scheint eine Bushaltestelle angedeutet zu sein, aber der Pfahl, fixierend geschwärzt, ist geknickt. Wir kombinieren

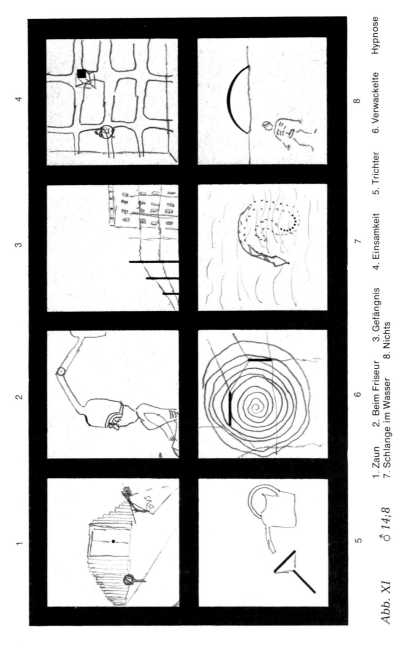

Abb. XI　♂ 14;8　1. Zaun　2. Beim Friseur　3. Gefängnis　4. Einsamkeit　5. Trichter　6. Verwackelte Hypnose　7. Schlange im Wasser　8. Nichts

diese Lösung mit der in Feld 8. Das Zeichen der Geborgenheit wölbt sich über einer abgrenzenden Linie, die den Horizont meinen dürfte. Darunter, mit feinem zartem Strich gezeichnet, steht ein Skelett. Der 14jährige nennt es › Nichts ‹. Das Bild ist eine fast makabre Ergänzung der vermauerten › Mitte ‹ (1). Befragen wir die zwei weiteren Felder mit bogigen Zeichen, 2 und 7. Das Zeichen der Bewegtheit, des Schwebenden in 2 wird zu einer starren Trockenhaube, die über den Kopf eines Menschen gestülpt ist. Er nennt das › beim Frisör ‹. Auch die Figur unter der Haube ist starr gezeichnet. Weder das Bild noch das Thema vermittelt den Eindruck des Lebendigen. Ganz anders die Lösung in Feld 7. Das Zeichen der Sensibilität ist mit Gespür aufgenommen; das Wasser – Symbol des Seelischen – und auch der größte Teil des Schlangenleibes sind zart ausgeführt. Die Schlange hat aber einen spitzen und zustoßenden Kopf, der durch die Schärfe des Striches noch betont wird und etwas Bedrohliches erhält. Aus dieser Zeichnung spricht eine Beunruhigung des empfindsamen Jungen. – Halten wir die Lösungen der eckigen Zeichen dagegen, und fragen wir zuerst nach der › Spannung ‹ (5) und › Steigerung ‹ (3). Bei der Antwort auf die zentrale Problematik in 1 und 8 nimmt die negative Aufnahme der Spannungs- und der Strebensthematik nicht wunder. Sie fällt auch bemerkenswert eindeutig aus. Die sehr wohl aufgenommen Linien werden zu einem Gerät, das nichts mit Spannung zu tun hat. Im Gegenteil: der Schaft der von links unten nach rechts oben strebenden Kraft wird zur hohlen Röhre eines Trichters, durch den sich in entgegengesetzter Richtung überdies gleich eine (vermutlich kalte) Dusche ergießen wird. Als Traumsymbol würde dieses Bild auf eine Frustration hinweisen. Folgerichtig ist das Zeichen der Steigerung (3) denn auch zu einem Gefängniszaun ergänzt. Schließlich bleiben noch die Felder 4 und 6. Die kreisenden Linien in 6 heben den Charakter der erforderten Ganzheit geradezu auf, verstärkt noch durch die Bezeichnung › verwackelte Hypnose ‹. Die vorgegebenen Linien sind so klar und eindeutig, daß ihr Übersehen die Einsamkeitsgefühle und die Realitätsfremde des Zeichners noch betont und den Verdacht der Versponnenheit aufkommen läßt.

(IV) Die Strichcharaktere sind scharf und zart; Intellekt und Gefühl überwiegen. Die sensuellen und die motorischen Funktionen treten zurück.

(V) Im Gespräch fallen die unkontrollierte Redseligkeit und die vorsponnenen Monologe des 14jährigen auf. Sie verdekken seine innere Einsamkeit, seine Realitätfremde und seine an Autismus grenzende Abkapselung von der Gruppe. Bei durchaus spürbarer Sensibilität wirkt er auf den Partner wirr und zerrissen. Seine Leistungen sind trotz offensichtlich guter Intelligenz bedenklich schlecht.

Das Kind sehr wohlhabender und sehr ambitiöser Eltern ist offensichtlich von Geburt an mehr ›versorgt‹ als in eine Gemeinschaft integriert worden. Es verweigert sowohl echte Kontakte als auch Leistungen.

XII

Daß dieser sicher und drollig ausgefüllte Test ein menschliches Problem verrät, wird man ihm auf den ersten Blick kaum ansehen. Ebenso ist es aber auch mit dem Zeichner: er wirkt im persönlichen Umgang so unkompliziert und sicher, daß die Umweltkonflikte erst nach geraumer Zeit des Zusammenlebens auftreten, dann jedoch sowohl von seiner Umwelt als auch von ihm selbst bitter empfunden werden.

(I) Die formale Eigenart der Zeichen ist geradezu exemplarisch angemessen aufgenommen worden. Der Punkt in Feld 1 wurde durch drei bogige Figuren ergänzt; in Feld 8 wird sowohl der Bogen zu einem Kreis geschlossen als auch durch viele kleine Kugeln das Anmutungszeichen des Bogigen noch betont. Die beiden Felder 2 und 7 gar lassen die Zeichen des Bogigen durch unentwegte Wiederholungen besonders ausdrücklich werden. Entsprechend passende Lösungen finden sich bei den geraden Zeichen. Die Striche in Feld 3 werden durch eine Vielzahl anderer Striche ergänzt, das Quadrat in 4 regt zur Zeichnung von weiteren Quadraten und Strichen an, zwischen denen sich freilich auch einige ›Kugeln‹ befinden. Das Zeichen 5 ist mit geraden Strichen weitergeführt, und in Feld 6 finden wir die konsequenteste Antwort: das ›Rechteck‹ wird ohne weitere Zutat geschlossen. Aus dieser Empfänglichkeit für die Eigenart der vorgegebenen Zeichen kann man entnehmen, wie aufgeschlossen der Zeichner für die Umwelt ist. Er ist damit aber auch in hohem Maße verletzbar. – Weiter stellen wir fest, daß die Antworten durchweg dinglich sind – selbst die ›Gesichter‹ sind nicht lebendig, sondern zu Motiven stilisiert, was uns Störungen im emotionalen Bereich vermuten läßt. Ebenso ausgesprochen ist der statische, der verweilende Charakter der Ausführungen; er weist auf mangelnde Antriebe hin.

(II) Die Gliederung der Einfälle des Zeichners bestätigt die Tendenz zu dinglich-formalen Lösungen. Nur ein Feld zeigt eine Sachlösung, sieben dagegen bringen Formlösungen.

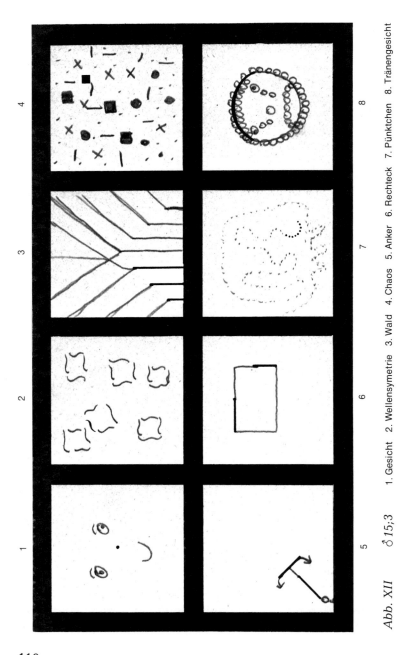

Abb. XII ♂ 15;3 1. Gesicht 2. Wellensymetrie 3. Wald 4. Chaos 5. Anker 6. Rechteck 7. Pünktchen 8. Tränengesicht

Bildlösungen fehlen ganz, was die Frage nahelegt, ob die emotionale Seite der Persönlichkeit unterentwickelt oder gestört ist. (Tatsächlich ist der gleichzeitig entstandene Baum des Zeichners erstaunlich kindlich ausgeführt, unten am Blattrand verhaftet, die Krone mit einem Lötansatz aufgesetzt. Auch die vorliegende Handschrift zeigt bei guter Intelligenz eine nur geringe Persönlichkeitsreife, so als sei die psychische Dimension in der Pubertät beim Zeichner unberührt geblieben.) Wir fragen uns natürlich, warum sich gerade in 5 eine Dinglösung findet, was in der Untersuchung des Inhaltes der Ausführungen zur Sprache kommen wird. Ebenso werden wir dort überrascht feststellen, daß die überspielenden Formlösungen durchaus auch symbolische Auswertungen erlauben.

(III) Die Antworten auf die Anmutung der Einzelzeichen sind zwar nicht eindeutige Symbole, doch aber voll deutlicher Hinweise, wozu wir später noch die Strichcharaktere mit in Rechnung stellen müssen. Die Felder 1 und 8 zeigen stilisierte Gesichter, Dekor, Witz, Formlösung, und doch Anlehnung an Physiognomisches und ungewollt persönliche Aussage. »Das Ich lacht und weint«; im Ich-Feld (1) steht ein gewolltes Lachen, im Feld der Geborgenheit (8) sehen wir ein zum Dekor verfremdetes ›Tränengesicht‹. Fragen wir nach dem ›Problem‹, dem ›Lastenden‹ (4), so erhalten wir wieder ein freundliches Dekor zur Antwort. Aufschlußreich ist die verbale Ergänzung: ›Chaos‹. Vielleicht noch vom vorangehenden Thema zusätzlich inspiriert, die Lösung des ›Spannungszeichens‹ (5). Aus diesem macht der Zeichner die einzige realistisch ausgeführte Sachlösung, massiv, direkt, den vorgegebenen Rahmen des Feldes überspielend. Ein Anker liegt links-unten im Feld, der Spannungsrichtung entgegengesetzt und zusätzlich mit einer Kette im Rahmes des Feldes ›verankert‹. Was könnte deutlicher die Frustrierung der Dynamik dieses 16jährigen ausdrücken! Das ergänzende Thema der Steigerung (3) wird formal zu einem Muster gestaltet und mit ›Wald‹ benannt, Abstraktion wie in 4, dem mit ›Chaos‹ bezeichneten Muster. Auch das Zeichen der ganzheitlichen Verbindung wird zur geometrischen (und somit nicht realen) Figur abstrahiert: › Rechteck ‹; es wird gesehen, aber nicht im Bereich der Wirklichkeit. Die Anmutungscharaktere des Schwebenden und des Sensiblen werden sehr wohl fein erspürt, aber durch Wiederholungen zu formalen Mustern gestaltet, wobei die Erläuterung ›Wellensymmetrie‹ allenfalls assoziativ an Seelisches denken läßt.

(IV) Ergänzend hierzu muß nun die Anwendung der Stricharten beachtet werden. Im Ganzen wirkt der Strichcharakter einheitlich, ›scharf‹ würde man sagen, z.T. mit einer Tendenz zu › fest ‹. Ausdrücklich fest ist er in den Feldern 4 und 5, die für den Zeichner, wie sich im Gespräch erwies, die Lebenssituation (4) und seine Reaktion darauf (5) wiedergeben: ein familiäres Chaos und seine restlose und beharrliche Selbstverweigerung, bei Frustrierung jeden Elans. Auffällig ist jedoch, daß die Strichcharaktere der bogigen Zeichen, die das Gefühl ansprechen, sehr viel klarer und spüriger auf den vorgegebenen Eindruckscharakter antworten. In 1, 2 und 8 ist der Strich klar und warm; in 7 ist mit bemerkenswerter Sorgsamkeit die vorgegebene Punktlinie aufgenommen worden, um noch zarter zu labyrinthartigen Wegen weitergeführt zu werden. – Der durchweg ungestörte Zeichenstrich ist positiv zu werten. Die aus den Bildlösungen zu vermutenden Retardierungen oder Störungen im emotionalen Bereich sind weniger gravierend und damit leichter erzieherisch-therapeutisch zu beheben, da sich der Ausdruck psychischer Störung nicht auch im Zeichenstrich zeigt. Überdies spricht die Vielseitigkeit der Stricharten, wie etwa in 4 und 7, für die seelische Flexibilität des Jungen. Auch sind die Stricharten dem Charakter der vorgegebenen Zeichen angepaßt. In 2 und 7 ist der Strichcharakter warm, locker und zart, entsprechend dem Anmutungszeichen für psychische beziehungsweise sensuelle Rezeptivität.

(V) Der burschikos wirkende Junge ist durchaus emotional begabt und emotional ansprechbar. Durch die bedrückenden Umweltverhältnisse hat er sich jedoch auf sich selbst zurückgezogen und die Ironisierung der Ich-Zeichen deutet die gesuchte Distanz an. Es legt sich jedoch nahe, daß seine Haltung zwar für die Gegenwart ein wirksamer Selbstschutz sein kann, daß sie aber sowohl seine Persönlichkeitsentwicklung hemmt, – zu der die Konfrontation mit seinem Problem gehören würde –, als auch die Integration in seine soziale Umwelt blockiert.

Jüngster von mehreren Söhnen in einer zerbrochenen Ehe, in der jedes Elternteil eigene Wege geht. Die Kinder werden gebildet, nicht geborgen. Der Vater als versagendes Leitbild provoziert einen vehementen Protest, nachdem der beruflich ungewöhnlich erfolgreiche Akademiker dem jüngsten Kinde bewundertes Vorbild gewesen war. Die derzeitige Form der Ablehnung ist bei dem Sohn vor allem Selbständigkeitsdrang und das Versagen der vom Vater besonders geforderten schulischen Leistung.

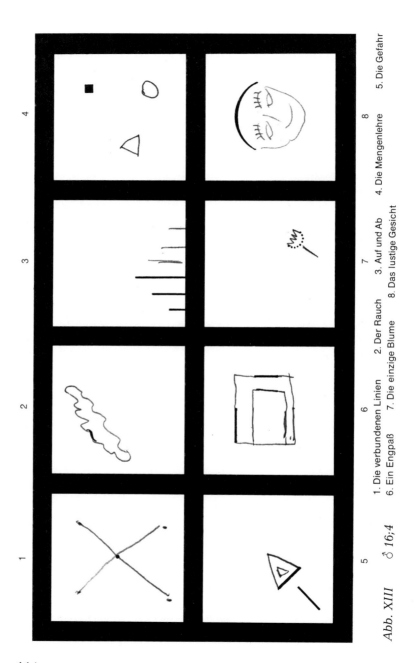

Abb. XIII ♂ 16;4

1. Die verbundenen Linien 2. Der Rauch 3. Auf und Ab 4. Die Mengenlehre 5. Die Gefahr
6. Ein Engpaß 7. Die einzige Blume 8. Das lustige Gesicht

XIII

Der dürftig wirkende Test des jungen Bewerbers, den ein Arbeitgeber zur Begutachtung vorlegt, ist ein anschauliches Beispiel dafür, daß auch bei scheinbar mageren Zeichnungen eine recht ergiebige Auswertung möglich ist.

(I) Drei der vier Felder mit bogigen Zeichen sind angemessen beantwortet worden. Wenn der Punkt 1 durch Linien ergänzt wird, so erinnern wir uns an *August Vetters* Bemerkung, dieses Zeichen liege als bogiges an der Grenze zu den geraden. Dies ist für die vorliegende Auswertung wichtig. Der Zeichner erlebt hier den Punkt als Schnittpunkt zweier Geraden, die sich im Zeichen des Ich treffen. Dabei deutet sich zugleich sein mehr rationales Denken an. Eindeutig bogig, zugleich »schwebend« ist das Zeichen 2 beantwortet. Auch das Sensibilitätszeichen (7) nimmt der Junge zart und einfühlsam auf, ebenfalls mit einem rationalen Einschlag der Darstellung: die Blume ist stilisiert. Der Bogen in 8 ist eindrucksvoll rund und weich ergänzt. Die geraden Anmutungszeichen sind alle aufgenommen worden. Im Ganzen ist der rezeptive Umweltkontakt bei aller Schlichtheit positiv.

(II) Sechs der Zeichen werden mit Sachlösungen, zwei dagegen, 5 und 6, mit Sinnlösungen beantwortet. Daß diese beiden vom Erlebnis des Bedrücktseins geprägt sind, ist aus der Lebenssituation des Zeichners verständlich. Im Ganzen gibt die Art der Lösungen noch einmal eine Bestätigung der differenzierten Eindrucksempfänglichkeit.

(III) Der junge Mann erlebt sich in seiner Situation verständlicherweise als Schnittpunkt von Linien (1). Daß sie sich in ihm verbinden, läßt auf eine positive Aufnahme des gerade aktuellen Disputes über seine Zukunft schließen. Die Beantwortung von 2 ist schwebend und zugleich bedrückt; ›Rauch‹ mutet dunkler, negativer an als Wolken, wie wir auch aus Traumdeutungen wissen. Die einzige ›Blume‹ in 7 zeigt die Sensibilität des Jungen, aber auch ein empfindsames Gefühl des Alleinseins bei seinem ersten Schritt in das Berufsleben.

Wie positiv, fast heiter, wirkt da das ›lustige Gesicht‹ (8). – Eine Belastung drücken Zeichen aus, die sich auf Leistung und Weltverständnis beziehen. Die Spannung (5) wird aufgenommen, dann aber negativ gedeutet: ein Verkehrszeichen mit der Warnung › Gefahr ‹, die Situation wird ihm nicht zum reflektierbaren Problem. Auf die anzustrebende Geschlossenheit (6) reagiert er affektiv, sie erweist sich als schwer angehbarer › Engpaß«. Die aufstrebenden Linien (3) setzt er nicht fort, er führt sie einfach wieder abwärts. Die Schwere (4) nimmt er zwar auf, aber nicht an. Er formalisiert das Bild. Aus den letzten beiden Zeichen spricht eine gewisse Passivität, ein Mangel an aktivem Engagement.

(IV) Der Strich ist fast durchweg scharf. Darin drückt sich das rationale Denken des Jungen aus. In 5 könnte man von einem festen Strich sprechen: im Bild der ›Gefahr‹ erfolgt ein heftiger affektiver Impuls. Erstaunlich zart und spürig ist dagegen der Strichcharakter in 8. Die Strichführung ist unabgesetzt, außer in den Feldern mit Sinnlösungen 5 und 6, welche die innere Unsicherheit auch hierin verraten.

(V) Der Test läßt einen sensiblen und ansprechbaren Jungen vermuten, dessen Erleben noch nicht angemessen differenziert ist und der überdies gewisse Hemmungen in der Äußerung und im Selbstausdruck haben dürfte. Dabei kommt sicher die gegenwärtige Situation mit ins Spiel. Daß der Junge seine Angstsituation bei aller Schlichtheit der Zeichnung so direkt ausdrückt, läßt einen unverbauten und erlebnisfähigen Menschen vermuten, der zuhören kann und prägbar ist. Die Ängste sind nicht mit Konflikten zu verwechseln, die zu vermuten der Test keinen Anlaß gibt. Es kommt bezeichnenderweise nicht eine fixierende Schwärzung vor.

Sohn eines einfachen Handwerkers, der nach Abschluß der Realschule in der Zeit großer Arbeitslosigkeit eine Lehrstelle sucht. Drängende Eltern und wiederholte Absagen bei Bewerbungen machen ihn entsprechend unsicher. Dem Arbeitgeber konnte der Bewerber für eine gut vorgezeichnete Aufgabe empfohlen werden.

XIV

(I) Wie empfindsam der junge Mann auf seine Umwelt reagiert, läßt sich daraus ersehen, wie konsequent die generelle Eigenart der Zeichen von ihm aufgenommen worden ist. Da er wegen Leistungsversagen zur Beratung kommt, schauen wir uns zuerst die geraden Zeichen an, die auf Streben, Spannung, Ganzheit, Schwere (oder Problematik) hinweisen. In Feld 3 werden die aufsteigenden Linien zu Stäben einer Treppe; das Quadrat in 4 wird symmetrisch wiederholt und zum Teil eines Musters, das sich um einen Mittelpunkt gruppiert. Die Linien in 5 werden zu einer rechteckigen Schachtel zusammengefügt, und die Geraden in 6 sehr ausdrücklich durch eine große Zahl weiterer Geraden ergänzt. Die runden Zeichen sind in 1 und 2 ausschließlich durch Bogen aufgenommen; eindrucksvoll die Qualle in 1, dem Zeichen des Ich. Bemerkenswert freilich ist 7, in dem die Richtung zwar im Ansatz aufgenommen worden ist, dann aber durch ein Motiv mit überwiegenden Geraden ergänzt wurde. Eine ähnliche Diskrepanz findet sich in 8, in dem die Linienführung überwiegend bogig, der dargestellte Gegenstand jedoch scharf und hart ist. In beiden Fällen ist die Diskrepanz zu dem Inhalt des Bildes augenscheinlich und gibt Anlaß zum Nachdenken. Lebendiges findet sich in den Feldern 1 und 2 dargestellt; alle übrigen enthalten Dingliches. Von den acht Antworten wirken 3, 4 und 6 statisch, die übrigen dagegen nicht nur bewegt, sondern ausgesprochen unruhig.

(II) Der Test zeigt zwei Bildlösungen, 3 und 8. Zeichen 4 ist als einziges zu einer Formlösung gestaltet, alle übrigen sind Dinglösungen. Obwohl sich der Test als tief symbolisch erweisen wird, ist offenbar keine Sinnlösung angestrebt worden.

(III) Als Antwort auf die Anmutung der Zeichen ist schon die erste Ausführung eindrucksvoll. Was könnte bezeichnender als Ausdruck für ein diffuses Selbsterleben sein, als den

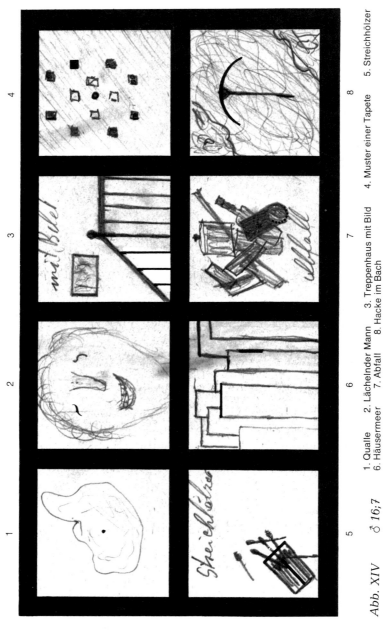

Abb. XIV ♂ 16;7 1. Qualle 2. Lächelnder Mann 3. Treppenhaus mit Bild 4. Muster einer Tapete 5. Streichhölzer 6. Häusermeer 7. Abfall 8. Hacke im Bach

Punkt zu einer Qualle, dem Sinnbild des Ungeformten, Fließenden zu gestalten! Das Gesicht in 2 ist Ausdruck des Angesprochenseins, der Reizempfänglichkeit; hier ist der Stichcharakter hinzuzuziehen: während sogar die Qualle scharf konturiert ist, ist das Gesicht durchweg mit tonig-schwammigem Strich gezeichnet. Das Feld 3 wird »Treppenhaus mit Bild‹ genannt und bietet im Anmutungszeichen der Steigerung ein Motiv der Häuslichkeit. Wenn bei der aufstrebenden Treppe ausdrücklich und mit betont festem Strich das ›Geländer‹ dargestellt wird, so müssen wir unser Augenmerk auf dessen Funktion des Haltsuchens richten: Festhaltenwollen, als Kompensation der Unsicherheit, die in der Qualle in 1 zum Ausdruck kommt. Sein Problem wird dem Zeichner gewiß nicht bewußt, es ist ihm nicht formulierbar, denn er überspielt in 4 das Zeichen der Schwere und Problematik mit der formalen Lösung › Tapetenmuster ‹. Daß freilich dennoch die Spannung in ihm gärt und explosiv zu werden droht, läßt uns Feld 5 ahnen. Die beiden Linien des Spannungs-Zeichens werden zu einer Streichholzschachtel; die Aktualität der Spannung wird betont durch die herausfallenden Zündhölzer, die überdies mit fixierend-geschwärztem Strich gezeichnet sind, dem Hinweis auf Konflikte. Kombinieren wir die Antworten in 1 und 5, so kommen wir zu dem Verdacht, daß dieser junge Mann seine Explosivität nicht zu steuern fähig sein wird. Das Zeichen 6 der Ganzheit blieb unbeantwortet, die Säulen stehen nebeneinander. In 7 wird die Sensibilität dieses beeinflußbaren, aber doch ungeformten Menschen massiv unter ›Abfall‹ verschüttet. Nehmen wir noch 8 hinzu, so sehen wir im Wasser, dem Symbol des Seelischen, eine Hacke als Instrument ständiger Verletzungen. Daß es sich um die seelische Entwicklung handeln mag, läßt die Bezeichnung › Bach ‹, nicht Teich oder Tümpel, vermuten. Der Test ist Ausdruck eines inneren Dramas, das erst durch die Kenntnis der Umwelt zu lösen ist.

(V) Bei diesem jungen Mann sind seelische Störungen schon zu Zerstörungen des Selbstgefühls und der Wertbezüge geworden. Der symbolische Ausdrucksgehalt der Bilder gibt trotzdem Hoffnung, daß er dem therapeutischen Gespräch zugänglich ist.

Die belastenden Familienverhältnisse bringen es mit sich, daß der empfindsame junge Mann weder Liebe noch Vorbild bekommen hat. In der zerrütteten Ehe der Eltern wird er überdies ständig von beiden Seiten als Partei angefordert.

XV

Der Test wirkt in seiner Schlichtheit auf den ersten Blick kindlich. Wie ergiebig er in bezug auf die Problematik des Mädchens ist, wird die Auswertung zeigen.

(I) Sowohl die runden als auch die eckigen Zeichen sind angemessen aufgenommen. In der Folge wird sich als bedeutsam erweisen, daß wir hieraus eine Ansprechbarkeit des Mädchens erschließen können. Vielleicht ist erwähnenswert, daß zwei eckige Zeichen, 4 und 6, bogig ergänzt werden. Gerade diese sind aber besonders aufschlußreich für das Problem der Zeichnerin. Es erweist sich hiermit schon als mehrschichtig, als erlebt und als rational durchdacht. Bemerkenswert feinfühlig ist das Zeichen 1 aufgenommen worden; es beantwortet sowohl die formale Eigenart als auch den Anmutungscharakter des Zeichens.

(II) Alle acht Felder enthalten Sachlösungen. Nur in 2, 6 und 8 ist Lebendiges angedeutet. In 8 geschieht das aber in ironischer Distanzierung. Das Vorherrschen der Sachlösungen und die Distanzierung betonen ein verstandesmäßiges Denken, wobei die Zeichen der Gefühlsansprechbarkeit doch aber empfindsam aufgenommen und besonders feinspürig ausgeführt worden sind.

(III) Entscheidend für das Selbstgefühl der Zeichnerin ist bereits Feld 1, das zu einer Eisblume gestaltet wird. Das sensibel reagierende Mädchen gibt sich frostig, kalt. Das fehlende Geborgenheitserlebnis kommt auch in 8 zum Ausdruck, das eher von Distanz und Fremdheit spricht. Ihr Gefühl dagegen wird von einem viel weicheren, verträumten ›Männergesicht‹ (2) angesprochen. Daß im Sensibilitätsfeld 7 durch brennende Kerzen Licht, Symbol des Geistes, erscheint, steht im Kontrast zur Eisblume in 1. – Sind somit schon Selbstgefühl und Gefühl diskrepant, so mehr noch Leistungsstreben und Schwerethematik. Die Spannung (5) kann nicht explosiver beantwortet werden; latente Entzündbarkeit füllt das

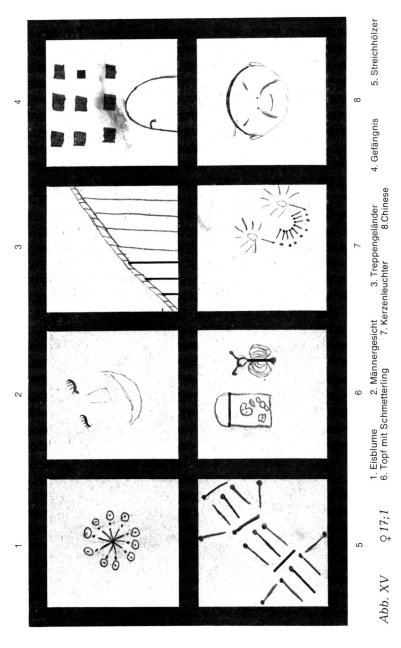

Abb. XV ♀ 17;1 1. Eisblume 2. Männergesicht 3. Treppengeländer 4. Gefängnis 5. Streichhölzer 6. Topf mit Schmetterling 7. Kerzenleuchter 8. Chinese

ganze Feld aus, doch mit System gehandhabt. Erbärmlich wirkt dagegen das Treppengeländer im Zeichen der Steigerung (3). Hier gibt es keinerlei Halt, nicht einmal kompensatorischen. – Das Problem der Zeichnerin ist wohl das Erlebnis des Abgesperrtseins, wie das Gefängnis im Feld der Schwere (4) vermuten läßt. Das Ausgeschlossensein aus ihrer familiären Welt wird in 6 dadurch angedeutet, daß sie die Linien des Ganzheitszeichens nicht verbindet, sondern zu zwei getrennten Gegenständen macht.

(IV) Der Strich ist zum Teil unsicher und abgesetzt, dabei zart, ohne fragil zu sein, so in 7 und 8. Schließlich findet sich bei der rationalen Denkerin auch der unabgesetzte und scharfe Strich in 1, und der feste, an das Thema angepaßte, in 5. Besonders auffällig ist die fixierende Schwärzung der Fensterhöhlen des Gefängnisses, wie auch die betont verschlossen wirkende Tür (4). Die Vielseitigkeit der Stricharten läßt die reiche und differenzierte Ansprechbarkeit des Mädchens erkennen. Die Störungen erhärten unsere Vermutung einer tiefgreifenden Identitätskrise.

(V) Es ist ersichtlich, daß das intelligente und starke Mädchen mit Trotz und Ausbruch antwortet. Die unsicher ausgeführte ›Steigerung‹ (3) jedoch verrät die Vordergründigkeit der demonstrativen Sicherheit.

Tochter wohlhabender und fordernder Eltern, welche die fügsamere, wenn auch weniger originelle Schwester vorziehen und ständig als Vorbild hinstellen, das die elterliche Liebe mehr verdiene. Das ›versagende‹ Kind bricht aus: Flucht, Rauschgift, Sex – und immer größere Einsamkeit.

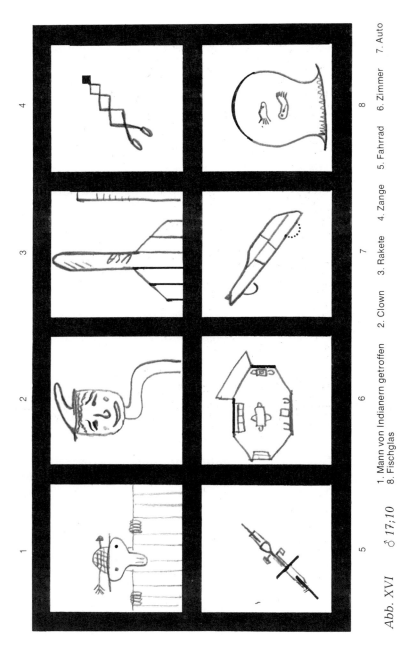

Abb. XVI ♂ 17;10   1. Mann von Indianern getroffen   2. Clown   3. Rakete   4. Zange   5. Fahrrad   6. Zimmer   7. Auto   8. Fischglas

XVI

Der mit klarem Strich ausgeführte Test wirkt gut komponiert und sicher. Ob es sich hier um autonome oder um leitbildliche und demonstrative Sicherheit handelt, ist aus der Zeichnung als solcher nicht zu ersehen, die Handschrift wies aber auf ein ausgeprägtes Leitbild hin, was sich im Beratungsgespräch bestätigte.

(I) Die Eigenart der Zeichen ist durchweg gut aufgenommen, wenn auch mit kontrastierenden Ergänzungen. So ist der Mittelpunkt in Feld 1 durch ein betont ›bogig‹ gezeichnetes Gesicht dargestellt, dagegen aber das Motiv durch einen linear ausgeführten Zaun ergänzt. Ebenso finden wir in 7 zwar die feinfühlige Ausführung der Rundung eines Rades, das dann aber von einem Auto schier erdrückt wird. Die Felder 2 und 8 zeigen ausgeprägte Rundungen, Zeichen 2 als Augenbraue, Zeichen 8 als Kuppel eines Fischglases. In 1, 2 und 8 finden wir formal gesehen lebendige Motive; die Ironisierung von 1 und 2 erinnert jedoch eher an amerikanische Spielpuppen. Die Benennung von Feld 8 heißt nicht › Fische ‹ sondern › Fischglas ‹ – es geht hier primär um das Gefäß, und die Fische könnten nur ein erläuterndes Attribut sein. Die Darstellungen 3, 4, 5 und 7 sind eindeutig dinglich. Fragen wir uns, ob die Zeichnungen dynamische oder statische Züge tragen, so finden wir wirklich statische Lösungen nur in 6 und 8, wobei die Bewegtheit der übrigen Felder durchaus jener der Handschrift entspricht.

(II) Wir haben in allen acht Feldern Sachlösungen; selbst das als Bild wirkende Zeichen 1 kann dazu gerechnet werden. Hieraus ergibt sich ein Hinweis auf des Zeichners etwas einseitige Sachbezogenheit. Daß diese Sachlösungen dennoch für Sinnaussagen transparent werden, spricht für die unverfestigte psychische Struktur des Zeichners.

(III) Ergänzen wir die Ergebnisse durch die inhaltliche Auswertung, so kommen wir dem Problem des jungen Mannes schon näher. In 1 ist das Zeichen der Mitte oder des Ich ironisiert. Es ist zwar ein Gesicht, Ausdruck des Angesprochenseins durch ein Gegenüber, doch die Ironie betont die Distanz zu dieser Thematik. Dazu kommt als gravierendes Symptom der Zaun, der in diesem Falle kaum ein Symbol der Geborgenheit sein kann: er ist Absperrung, Ausschluß. Zeichen 2 wird in seiner Bewegtheit aufgenommen, aber ebenfalls ironisch-distanziert gestaltet. In beiden Zeichnungen kommt ein Unernst in der Begegnung mit Lebendigem oder gar dem Humanen und Sozialen zum Ausdruck, nicht ohne eine bedenkliche Komponente der Isolierung. Verblüffend wirkt die Antwort auf das Zeichen der Steigerung in Feld 3. Hier findet sich eine senkrecht startende Rakete. Nichts kann die sprungbereite Aktivität des Zeichners (wie sie auch aus Handschrift und Sterne-Wellen-Test hervorgeht) besser bildlich darstellen! Ihre Vordergründigkeit tritt im Zusammenhang mit der Lösung 5 heraus, welche die Negierung jeder echten Spannung und Anspannung zeigt: ein Fahrrad, das nach rückwärts, seiner Richtungsbestimmung entgegen, gerichtet ist. Das Lastende und Schwere (4), die Probleme, die sich einem 18jährigen natürlicherweise stellen, hält er sich › mit der Scherenzange vom Leibe ‹. Daß dabei die Geborgenheit (8) nicht in der offenen, weiten Zukunft gesucht wird, die der ostentative Raketenstart vermuten lassen könnte, legt sich nahe. Das Fischglas würde eher an den ›Uroboros‹ erinnern, welcher bei Retardierungen oder Regressionen die pränatale Geborgenheit symbolisieren kann. Die Geschlossenheit (6) wird in der schlichtesten Lebenswelt erlebt: ein Zimmer. Da es aus der Vogelschau gezeichnet ist, könnte es ein Bedürfnis nach Bewußtheit des intelligenten 18jährigen ankündigen. Daß er seine Sensibilität ›überfährt‹ (7), überrascht nicht mehr: täte er es nicht, so sähe der gesamte Test wohl anders aus.

(IV) Der undifferenzierte, fast durchweg scharfe bis feste Strich läßt die vordergründigen Antriebe erkennen, mit denen sich der Zeichner dem praktischen Leben in den je akut ge-

gebenen Anforderungen stellt. Die Rezeptivität tritt ganz zurück.

(V) Die ebenso sichere wie witzige Ausführung des Tests zeigt uns den Typ des tüchtigen Jugendlichen, der die Chancen des Lebens zu erkennen weiß und Unbequemlichkeiten aus dem Wege geht. Daß er in seiner unbekümmerten Unternehmungslust und Risikobereitschaft mehr Wollen als Können erkennen läßt, ist in diesem Alter nicht ungewöhnlich.

Der junge Mann ist in großzügigen familiären Verhältnissen im Ausland erzogen worden. Das Leitbild der Familie war jedoch etwas einseitig auf Erfolg abgestellt.

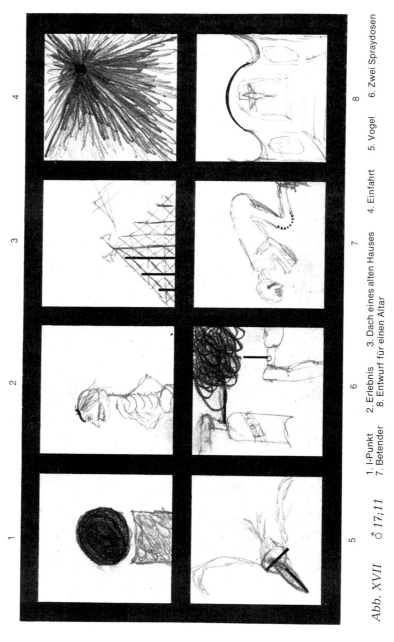

Abb. XVII ♂ 17;11   1. I-Punkt   2. Erlebnis   3. Dach eines alten Hauses   4. Einfahrt   5. Vogel   6. Zwei Spraydosen
7. Betender   8. Entwurf für einen Altar

XVII

Die Ausführung des vorliegenden Tests wirkt auf den ersten Blick schon disharmonisch, was sich im Laufe der Untersuchung noch verstärken wird. In diesem Fall sind nicht einmal die Felder ganz beachtet. In 4 und 6 geht die heftige Strichführung über den Rand hinaus, was uns die Frage nach der mangelnden Anpassung des Zeichners stellen läßt.

(I) Auch die Eigenart der Zeichen ist nicht immer beachtet, zum Teil radikal überfahren. Das trifft vor allem für die geraden Zeichen in den Feldern 5 und 6 zu, die durchweg bogige Antworten erhalten haben. Drei Lösungen stellen Lebendiges dar, sie deuten jedoch kaum auf Leben hin: weder die Fratze in 2 noch der ›Betende‹ in 7 oder der Vogel in 5 können einen solchen Eindruck vermitteln. Aber auch die dinglichen Ausführungen sind nicht eigentlich entsprechend nüchtern, sachlich. Daß fünf der acht Felder bewegt gezeichnet sind, kommt schon nicht häufig vor, darüber hinaus aber sind zwei im höchsten Maße explosiv.

(II) Die Gliederung der Einfälle ergibt darauf eine erhellende Antwort. Nur ein Feld ist durch eine Bildlösung beantwortet, ›Entwurf für einen Altar‹ (5); sieben sind, formal gesehen, Sachlösungen – dabei mit einem recht aufschlußreichen Symbolgehalt. Die vielen Sachlösungen lassen einen geringen emotionalen Bezug zur Umwelt vermuten. Die chaotische Unruhe im Bildausdruck spricht aber für explosive Impulse. Der Test bestätigt sehr anschaulich, daß Impulse nichts mit Emotionalität zu tun haben müssen.

(III) Am wichtigsten für die nähere Erfassung der psychischen Situation des Zeichners sind zweifellos die inhaltlichen Antworten auf die Anmutungszeichen. Beginnen wir mit dem Zentrum. Der Punkt in Feld 1 ist als ein dominierender I-Punkt dargestellt, fixierend geschwärzt als Anzeichen für Hervorhebung und einen Konflikt. Denken wir an das Sprichwort vom ›Pünktchen auf dem i‹, das dessen abschließende Wichtigkeit ausdrückt, so können wir hierin das Erlebnis des Ich in einer konfliktträchtigen Inflation des Selbstgefühls sehen. In der Tat sprach der Zeichner nur von sich, und Menschen, Erlebnisse, Figuren drehten sich um ihn, waren Statisten auf der Bühne seines Lebens. Daß hiermit keineswegs ein sicheres Selbstgefühl verbunden war, sondern daß er vielmehr in stets nagender Zwiespältigkeit lebte, wird durch den Vergleich der Bilder 1 und 8 verständlich. Im Kontrast zu der Mittenbetonung und fixierenden Schwärzung in 1 steht die Thematik im Zeichen der Geborgenheit (8). ›Entwurf für einen Altar‹ nennt er die Ergänzung des konkaven Bogens, den er mit zartem, abgesetztem, zum Teil schraffiertem Strich zeichnet. Hier ist Ruhe, Statik, Geschlossenheit; die dritte Dimension läßt auf vertiefte Emotionalität schließen. Geborgenheit ist für den jungen Mann Urbedürfnis und Sehnsucht (was auch gelegentlich in seinen Gesprächen anklingt.) Weitere wichtige Hinweise auf seine existentielle Situation geben die Antworten in 4 und 6. Das Zeichen der Schwere, bei einem fast 18jährigen meist im übertragenen Sinne von Problematik aufgefaßt, wird zu einer Einfahrt gemacht, auf die ein Weg zuführt. Sowohl im Thema als auch in der Art der Ausführung kommt die Rastlosigkeit dieses Menschen zum Ausdruck. Es deutet sich zwar eine dritte Dimension an, aber ein Gewirr von Linien, eher irritierend als leitend, führt in den Hintergrund. Auch diese Zeichnung ist fixierend geschwärzt. Die wie in seinem Leben immer neu ansetzenden Wege und Unternehmungen des jungen Mannes, hastig und heftig begonnen und nur sporadisch durchgeführt, sind der Ausdruck eines seiner Kernprobleme. Ein zweites erkennen wir im Zeichen der Ganzheit und Geschlossenheit (6). Was könnte weniger verbunden sein als die aufeinanderprallende Flüssigkeit zweier Spraydosen. Die Flüssigkeit sprengt den vorgezeichneten Rand des Feldes; sie ist fixierend geschwärzt und weist damit auf einen Konflikt hin. Deutlicher könnte kaum die Problematik ständiger Verzettelung und Stückhaftigkeit ausgedrückt werden, worunter der junge Mann leidet, ohne es zu reflektieren. Gehen wir noch einmal zurück zu der Frage des Gefühls, der › einbindenden Mitte des Gemütes ‹, als Kristallisationspunkt des Erlebens und Erfahrungsinstanz von Wertdominanzen. Was erfahren wir aus den beiden Feldern 2 und 7, die mit den Anmutungszeichen des Schwebenden und der Sensibilität die empfindsameren Seiten des Zeichners provozieren sollen? 2 ist ironisierend, Distanz anzeigend ausgefüllt und ins Skurrile verzerrt. Das Gefühl mag beim Zeichnen dieser Antwort beteiligt gewesen sein – doch nur negativ, abwehrend, empfindsam verneinend. Ähnlich ist es in der Zeichnung des ›Betenden‹ (7). Auch hier ist ein Bereich des Erlebens und Fühlens angerührt, aber das zarte Zeichen ist fragwürdig beantwortet, denn der Körper des › Betenden ‹ lastet schwer auf ihm. Gerade diese beiden Darstellungen sind ein deutlicher Hinweis auf die Gefühlsunsicherheit und Konfliktträchtigkeit des Zeichners: ironisierte Menschen und somit Distanz und Nähe zugleich, mit zartfragilem Strich ausgeführt, der überdies durchweg abgesetzt ist. – Es ist aus dem Bisherigen nicht schwer, die Leistungsunfähigkeit des Zeichners auch bei normalen Anforderungen abzuleiten. Aber lassen wir die Bilder 3 und 5 sprechen. In 5 nimmt er das vorgegebene Zeichen auf, die Dynamik wird gespürt, was bei der Unruhe und den latenten Antrieben des jungen Mannes nicht verwunderlich ist. Er macht aus dem Spannungszeichen einen Vogel, der in der Gegenrichtung zur Spannung fliegt. Das Zeichen der Strebung (3) ist in seiner Aufstiegsthematik nicht aufgenommen. Es drückt Statik und Beschaulichkeit aus.

(IV) Die Stricharten sind vielseitig und lassen uns die reichen Möglichkeiten des Zeichners vermuten. Wir finden den zarten und den tonigen Strich, freilich beide überwiegend gestört, zart-fragil und tonig-schwammig. Wir finden Schraffierung in dem kontemplativen Bild 8 und Dunkelung in der affektiven Darstellung 1. Und wir finden fixierende Schwärzung gleich in drei Feldern, in 1, 4 und 6. Wer seine Konflikte so ausdrücken kann, wird vermutlich auch ansprechbar sein.

Was freilich völlig fehlt, ist der scharfe Strich, der kontrollierendes Bewußtsein, Steuerungsfähigkeit und geschultes Wollen anzeigen würde. Das läßt Schwächen erkennen, die sowohl dem Erzieher als auch dem Therapeuten zu schaffen machen werden, ganz zu schweigen von dem Zeichner selbst, der zum Spielball seiner Impulse, Stimmungen und Affekte wird. Die Strichführung ist durchweg abgesetzt und unsicher, was besonders in 2 und 7 auffällt.

(V) Der ganze Test läßt die Situation des Zeichners erkennen, der sinnenhaft und sinnlich ansprechbar und verführbar ist, ohne eigene Balance, ohne formulierbares Urteil, ohne Führung seiner selbst.

Sohn aus geschiedener Ehe; starke und zärtliche Bindung an die Mutter, verachtende Ablehnung des leiblichen Vaters bei wechselnden ›Ersatzvätern‹, an die er sich jedesmal überschwänglich bindet. Die beruflichen Leistungen sind trotz guter Begabung sporadisch und mangelhaft.

XVIII

Der Test wirkt etwas karg ausgefüllt; es wird sich jedoch zeigen, daß er dennoch erstaunlich ergiebig in der Aussage ist.

(I) Die generelle Eigenart der Zeichen finden wir nicht immer respektiert. Dies ist in den Feldern mit »Bogigem« vor allen Dingen in Feld 1 der Fall, beim Zeichen der Mittenhaftigkeit und des Ich. Ausdrücklicher konnten keine Geraden ein Feld durchziehen.

(II) Alle acht Felder sind in Sachlösungen ausgeführt worden. Freilich könnte man einwenden, daß der ›Bauernhof‹ in 6 ein ›Bild‹ darstellen soll. Schauen wir jedoch genauer hin, so erkennen wir, daß die ganze Anlage eine Sachaussage darstellt, etwa wie ein Architekt eine Zeichnung auszuführen pflegt. Wie so oft werden sich die Sachlösungen zum Teil zugleich als Sinnlösungen erweisen. Wir können vermuten, daß das Überwiegen von Sachlösungen auf einen mehr verstandesmäßig orientierten Menschen hinweist. Vielleicht ist bedeutungsvoller, daß er zwar das Zeichen 1 der Mitte und des Ich linear beantwortet, die kräftigen Geraden in Feld 5 dagegen mit einem Doppelbogen. Hier deutet sich schon ein Konflikt an.

(III) Wie der nüchtern denkende Großjährige die Einzelzeichen beantwortet, erweist sich als recht tiefgründig, verglichen mit den kindlich wirkenden Zeichnungen und ihren Hinweisen. Die diagonal durch das ganze Feld 1 geführten Linien werden von ihm mit ›Gitter‹ bezeichnet. Wir dürfen nicht ausschließen, daß hier das Erlebnis einer verbauten Selbstentfaltung angedeutet ist; › das Ich ist vergittert ‹. Betrachten wir das Zeichen der Geborgenheit (8), so bestätigt sich mit der Darstellung eines ›Milchgesichtes‹ die Vermutung einer erlebten Retardierung. Bei den beiden anderen › bogigen‹ und somit lebensnahen Zeichen finden wir eine emotionale und sinnlich bezogene Darstellung, was zwar

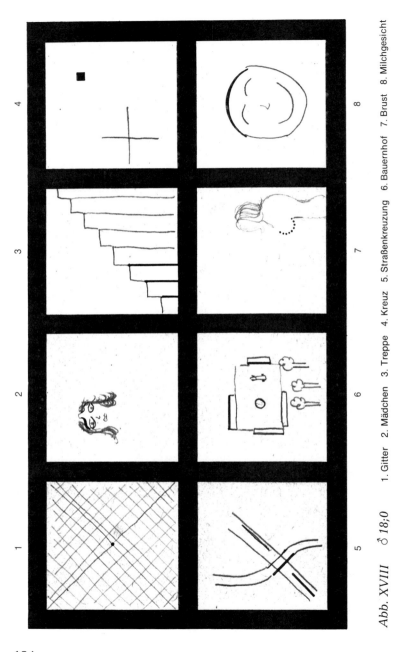

Abb. XVIII ♂ 18;0 1. Gitter 2. Mädchen 3. Treppe 4. Kreuz 5. Straßenkreuzung 6. Bauernhof 7. Brust 8. Milchgesicht

altersangemessen ist, aber in dieser Ausführung doch etwas pubertär wirkt. Das Zeichen 2 des Schwebenden wird zur Locke an einem Mädchenkopf, dabei haben die betonten und mit scharfem Strich umrandeten Augen die Valenz des Ansprechens. Bemerkenswerter noch ist die Ausführung in 7 (Sensibilität). Hier haben wir einen Frauenkörper bzw. einen Ausschnitt davon, der um das Thema ›Brust‹ gruppiert ist. Das sekundäre Geschlechtsmerkmal des Weiblichen wird durch eine deutlich ausgeführte Frisur ergänzt, während Arme nicht einmal angedeutet sind. Gehen wir zu den vier Feldern mit Geraden als Anmutungszeichen über. Die ›Treppe‹ in 3 zeigt das eindeutige (und durch echte Interessen getragene) Streben des Zeichners. Die Spannung dagegen ist sowohl durchkreuzt als auch ›abgebogen‹: die aufsteigende Gerade, welche die Thematik des Dynamischen angemessen aufnimmt, wird durch einen ›Bogen‹ unterbrochen. Schon die Form der Ausführung legt die Vermutung nahe, daß der Elan durch die Gefühle behindert wird. Dazu ergibt diese Lösung noch einen weiteren Hinweis. Die Durchkreuzung kann, besonders im jugendlichen Alter, einen Identitätskonflikt symbolisieren: erlebt sich der 18jährige noch als Kind oder schon als Mann? Ferner können wir auch auf die Erfahrung zurückgreifen, daß diese Lösung – aus der Vogelschau gezeichnet – auch ein Bedürfnis nach ›klarer Übersicht‹ erkennen läßt. Das trifft übrigens auch für Feld 6 zu. Das Schwerezeichen (4) wird nicht aufgenommen, sondern ergänzt; der Kommentar ist schlicht: ›Kreuz‹. Dies kann eine rein formale Lösung sein, die den Charakter des Geraden beantwortet. Die sehr ausdruckshaltigen übrigen Lösungen lassen aber vermuten, daß mit dem Kreuz als Antwort auf die Anmutung des Lastenden mehr gemeint ist. Das muß nicht religiösen Charakter haben, ist doch das Kreuz als Einheit der Horizontalen und der Vertikalen eine Symbolisierung der menschlichen Einheit von Natur und Person und damit des wesensmäßig konflikträchtigen menschlichen Lebens überhaupt.

(IV)   Die Stricharten erhärten die Aussagen der einzelnen Felder. Der zarte Strich und somit der gefühlsmäßig empfindsamste findet sich in 7, auch in 1. Mit scharfem, unabgesetztem Strich sind die Sachlösungen 3, 4, 5, 6 und 8 gezeichnet und damit die Mehrzahl der Bilder. Dies entspricht dem klaren und nüchternen Verstand des jungen Mannes. Daß eine gewisse affektive Dunkelung bei den Locken des Frauenkopfes in 2 auftaucht, läßt sein Interesse an diesem Thema erkennen, zumal auch die Augen durch einen umrahmenden Strich betont werden. Die Flächenbehandlung in 1 erinnert an eine Schraffierung, wie sie auf denkerisches Bemühen hinzuweisen pflegt.

(V)   Lesen wir die Antworten der Felder der Reihenfolge nach, so ergibt sich noch einmal eine reiche Ausbeute an Informationen, die als Hinweise und Vermutungen in das Beratungsgespräch mit eingehen können. Das versperrte, frustrierte Ich (1) ist affektiv auf die Thematik des anderen Geschlechts (2) bezogen, wird aber andererseits von diesem Thema irritiert (Augen). Das ausgeprägte Bedürfnis nach Entfaltung und Steigerung (3) ist von Konflikten (4) beeinträchtigt, die sich als mehrschichtig erweisen: die gestörte natürliche Dynamik (5) wird von einem Bedürfnis nach Verstehen und Übersicht (Vogelschau) begleitet (6). Die Ganzheit erlebt der Zeichner noch in der ›Lebenswelt‹ (Bauernhof). Im Gegensatz dazu steht das erotisch-sexuelle Thema (7). Er scheint in diesem Konflikt seine Unreife bedrückend zu erleben (8).

Tatsächlich bestätigte sich der Konflikt des intellektuell begabten, aber emotional etwas retardierten jungen Mannes. Bei guten Leistungen und ausgesprochenem Berufsinteresse lief er von der Ausbildungsstätte fort und wurde bei der entfernt wohnenden Mutter wiedergefunden. Aber auch die Mutter erschien gelegentlich unmotiviert am Ort der Ausbildung. Es handelt sich hier um ein Ablösungsproblem.

XIX

Der Test wirkt lebendig durch viele vegetative Lösungen oder Ausschmückungen, und überdies bewegt, weil vier der Felder ›Vorgänge‹ darstellen.

(I) Die bogigen Zeichen sind sensibel aufgenommen. Der Punkt 1 ist als räumliche wie auch als perspektivische Mitte erfaßt worden. Das Zeichen des Bewegten, Schwebenden (2) wird zum ›sterbenden Blatt‹. Die Rundung in 7 wird durch das Augenlid der Schlafenden angedeutet und der Bogen in 8 bildet, wie auch oft bei Kindern, einen Schirm, hier freilich nur als Bestandteil einer ausdruckshaltigen Darstellung. Nicht weniger angemessen sind die geraden Zeichen. In 3 werden die ansteigenden Linien zu Teilen eines Zaunes, das Viereck in 4 wird zum Fenster. Feld 5 stellt einen Tisch dar, und schließlich wird in 6 ein Auto kantig gezeichnet, um die geraden Linien angemessen einzubauen. Und wirklich ist die Zeichnerin ein durch die Umwelt in hohem Maße nicht nur beeindruckbares, sondern auch in ihrer Gestimmtheit und Störbarkeit von ihr abhängiges Menschenkind.

(II/IV) Bis auf die Zeichnung in 7, die man einen Grenzfall zwischen Sachlösung und Bildlösung nennen könnte, sind in allen Feldern ausgesprochene Bildlösungen gewählt worden. Wir können ein seelisch ansprechbares und gefühlsbetontes junges Mädchen vermuten. Der durchweg zarte bis tonige Strichcharakter erhärtet die Vermutung der Aufgeschlossenheit, des Rezeptiven. Trotz sachlich klarer Darstellungen in nicht ungeschickter Ausführung ist der Strich nur manchmal scharf, so zum Teil in 4. In 3 findet sich die ganz seltene Kombination von tonigem Strich und schraffierter Flächenbehandlung. Sie ist der Ausdruck des fast ebenso seltenen Zusammentreffens von sinnlich-stimmungshafter Beeindruckbarkeit und reflektierender Erfassung der eigenen Situation, die im Gespräch zutage trat. Sehr zart gezeichnet sind der fast kahle Baum, das fallende und das abgefallene Laub in 2.

1. Loch im Tunnel und Berg   2. Sterbende Blätter   3. Haus hinterm Zaun   4. alleinstehendes Haus in der Nacht   5. Umgestürzter Tisch   6. Schmutziges Auto in verschmutztem Wald   7. Schlafendes Mädchen   8. Picknick im Sonnenschein

Abb. XIX   ♀ 18;2

(III) Von den acht Lösungen lassen drei auf Depressionen schließen, drei weisen auf Probleme hin. Die letzten zwei dagegen sind im Kontrast hierzu besonders friedlich. Das ist eine merkwürdige Konstellation, und sie gibt einen Hinweis auf die Besonderheit des vorliegenden Problems. Wenn die Depressionen durch eine umweltbedingte Situation hervorgerufen wären, so würden die friedlichen Lösungen entweder nicht vorhanden sein oder aber – als Wunschbild – demonstrativer. Die Problematik zeigt sich am leichtesten, wenn wir den Test bei den vier geraden Anmutungszeichen zu lesen beginnen. Damit bekommen wir Auskunft über das Leistungsverhalten. Zunächst zu beachten sind Spannung (5) und Steigerung (3). Streben, Ehrgeiz, Zielsetzungen sind verbaut: da ist ein Zaun, die Klinke der geschlossenen Tür ist betont (3). Das ›alleinstehende Haus in der Nacht‹ (4) wird durch ein – vielleicht erleuchtetes? – Fenster gekennzeichnet, in welches das Zeichen des Lastenden, der Schwere verwandelt wurde. Das Bild ist nicht unfreundlich, aber etwas schwermütig; man assoziiert Nacht und Einsamkeit. Dringlicher lassen uns die Lösungen in 5 und 6 die Not des Mädchens erkennen. Ein Signal ist das Zeichen für Spannung und Dynamik (5), das nicht nur überspielt ist, sondern ein Gestürztes darstellt. Man beachte die leere Bank und die zwei leeren Stühle im Halbkreis darum; hier ist etwas aus seiner vorgesehenen Ordnung geraten. Bedrückender noch ist das Zeichen für Geschlossenheit (6) beantwortet worden. Das Ganze ist zunächst wieder eine Bildlösung, die von Gefühlsbetontheit spricht, wir finden Wald, Bäume, Bindung – und darin Abfälle, Umgestoßenes, › Schmutziges ‹. Die Zeichnerin nennt es ›Schmutziges Auto in schmutzigem Wald‹ und verstärkt damit noch den Eindruck der Unordnung. Steigerung (3), Lastendes (4), Spannung (5), Ganzheit (6): diese wichtigen, für Selbstgefühl und Leistung aufschlußreichen Felder sind durchweg fragwürdig dargestellt – im wörtlichen Sinne frag-würdig: hier muß das Gespräch anknüpfen. – Unterschiedlich sind die ›runden‹ Zeichen, die mit den seelischen, gefühlsbezogenen Bereichen in Beziehung stehen. In 1 finden wir einen Tunnel, einen Blick in die Ferne, einen langen Weg dorthin. Der bogenförmige Eingang in den lastenden Berg ist affektiv gedunkelt; es bleibt offen, ob das ›Loch‹ Licht oder Dunkel verheißen soll. Ausgesprochen depressiv ist das Zeichen des Schwebenden, Bewegten (2) aufgenommen. Freilich verständlich, wenn wir die übrigen Antworten bedenken – für die Zeichnerin dürfte nichts leicht und fröhlich sein, wie es in ihrem Alter doch eigentlich zu erwarten wäre. Der Baum steht rechts im Bild, an der der Umwelt zugewandten Seite; damit signalisiert er Kontaktbedürfnis, was in diesem Falle wichtig ist. Er ist fast kahl, noch fallen weitere Blätter, obwohl der Boden schon fast ganz von Laub bedeckt ist. In einem erstaunlichen Gegensatz dazu stehen die beiden Bildlösungen 7 und 8. Die Befreiung aus Problematik und Depression wird im Schlaf gesehen (7), und als Zukunftsbild der Geborgenheit gar ein soziales Beisammensein, ungestört und ›im Sonnenschein‹.

(V) Das sensible Mädchen drückt in erschütternder Weise ein psychisches Leiden aus, das depressive Zustände nahelegt. Die emotionale Wärme, das Kontaktbedürfnis, die große Aufgeschlossenheit der Zeichnerin sind aus dem Test ersichtlich, und erst die Anamnese ergibt hier den Schlüssel zu der Diskrepanz zwischen mitmenschlichem Erleben und leidvoller Melancholie.

Das Mädchen litt seit der Scheidung seiner Eltern in der Kindheit unter einer physiologischen Insuffizienz, die sie in sozialer Gemeinschaft oder gar in Gesellschaft großer Peinlichkeit aussetzte. Immer wieder neue ärztliche Behandlungen gaben ihr Hoffnung auf Behebung des Übels, aber die Ursache dürfte psychischer Natur gewesen sein. Eine Psychotherapie wurde angeraten.

XX

(I) Die Ausführung des Tests läßt nicht gleich erkennen, daß die Eigenart der Zeichen durchweg angemessen aufgenommen worden ist. Feld 1 wird mit Rundungen beantwortet, die aber exzentrisch vom Mittelpunkt weg verlagert sind. In 2 ist die Rundung aufgenommen durch die Zeichnung einer Schulter, dagegen ist die Gestalt des dargestellten Mannes sehr eckig. Das Runde des Sensibilitätszeichens in 7 wird aufgenommen, aber die zarte Punktierung wird nicht beachtet. Das Geborgenheitszeichen (8) bildet die Kappe eines Pilzes, wie es Kinder häufig darstellen; das junge Mädchen kommentiert: ›naiv‹. – Die vier geraden Zeichen sind entsprechend gerade oder eckig fortgeführt. Die Linien in 3 werden zu Baumstämmen. Das Quadrat in 4 ist das eckige Auge des eckigen Kunstgesichtes, in dem die Geradlinigkeit zur Starre wird. Die Linien im Spannungszeichen sind zu betont geraden Holzscheiten geworden und durch weitere ergänzt, und die in 6 zum eckigen Körper eines Spielpferdes.

(II) Zwei Felder, 7 und 8, zeigen Bildlösungen; die anderen sechs dagegen Sinnlösungen. Die Bildlösungen weisen auf die lebensbezogene Interessensphäre des jungen Mädchens hin, was zu wissen für die inhaltliche Auswertung der Bilder, ihrer Ironie oder gar Tragik wichtig sein wird. Die Sinnlösungen ermöglichen uns den Zugang zu ihren Konflikten.

(III) Den eigentlichen Aufschluß über ihr Erleben geben freilich erst die Inhalte der Bilder. Man kann die Problematik des Mädchens geradezu ablesen, wenn man die Aussage des unbewußt eingeflossenen Sinngehaltes der acht Zeichnungen in ihrer Reihenfolge abliest. In 1 und somit im Zeichen der Mitte oder des Ich finden wir den Punkt als Spinne im Netz, die ›unermüdliche Weberin‹ und die ebenso rastlose Jägerin. Auffällig ist, daß die Spinne zwar in der Mitte des Feldes sitzt, daß aber die Mitte des Netzes, mit dem das Feld ausgefüllt ist, ihr gegenüber exzentrisch liegt. Ist also die Zeichnerin die jagende Spinne, so befindet sie sich außer-

Abb. XX ♀ 18;6 1. Freiheit 2. Freizeit 3. Alltag 4. Vernunft 5. Einsamkeit 6. Entspannung 7. Naiv 8. Naiv

halb des eigentlichen Zentrums und Mittelpunktes. Hier könnte sich eine Identitätsproblematik anzeigen. Eine zweite Spinne tritt als Rivalin auf. Die Bezeichnung ›Freiheit‹ läßt den distanziert-ironischen Grundton erkennen. Neben der ›Freiheit‹ in 1 ist ›Freizeit‹ in 2 gestaltet worden: ein Supermann, der auch im Spiel nur überdimensionale Anstrengung demonstriert. Neben Freiheit und Freizeit folgt der ›Alltag‹ (3), monoton – die Anmutung der Steigerung bleibt unbeachtet! – wie (in der Stilisierung der Zeichnerin) ein Baum dem anderen gleicht. Selbst die Sonne wirkt kalt. Wenn der Alltag so monoton und die Freizeit als Pflichtübung empfunden wird, dann verwundert es nicht, daß die ›Vernunft‹ als ein lebensferner, künstlich konstruierter Roboter erscheint (4), der das Bedrohliche des anschauenden Auges sowohl verstärkt als auch ins Lächerliche zieht. Erschütternd aber nicht überraschend ist die Spannung (5) beantwortet: sie verbrennt, ein kleiner Scheiterhaufen, der als ›Einsamkeit‹ bezeichnet wird. Und nun folgen ironisiert die Inhalte, die neben Zwang und Einsamkeit bleiben: als ›Entspannung‹ wird der Rumpf eines Schaukelpferdes gezeigt (6), das mit Ball und Teddybär daneben das Kleinkindalter andeutet. Dann folgen Entlein (7) und Pilze (8), auch diese mit dem Zusatz ›naiv‹ in die Kinderwelt verwiesen.

(IV) Erstaunlich ist der Reichtum der Stricharten. Hier finden wir starke Kontraste. Zart ist der Strich beim Spinnennetz in 1, den Wolken und Bergen in 5, 7 und 8. Daneben finden wir Dunkelungen, gravierend in Feld 8; sie lassen auf affektive Beteiligung der Zeichnerin an der Themengestaltung schließen. Konflikthinweisende fixierende Schwärzungen gibt es bezeichnenderweise bei den Spinnen des Feldes 1, sowie in beiden Augen im Kunstkopf der ›Vernunft‹ (4).

(V) Wir stellen uns die Frage, ob hier die monotonen Anforderungen an Leistung und an Haltung des Mädchens nicht ihr Leben und Erleben unterdrücken. Daß ihr daneben nur die ›Spielwelt‹ bleibt, wird ebenso ironisch (und damit hellsichtig-distanziert, wenn auch vermutlich unbewußt) erfahren wie die Künstlichkeit und Fragwürdigkeit des Leistungszwanges. Das nimmt jedoch dem Test nichts von dem Ausdruck der Hilflosigkeit.

Ergänzend kann gesagt werden, daß die Handschrift (s. Abbildung) eine nur mäßige Begabung bei ausgeprägter Stilisierung in Richtung ›Darstellung‹ und Leitbild ›Dame‹ verrät.

Tochter aus anspruchsvollem Haus mit gesellschaftlichen Verpflichtungen, aber auch Ambitionen. Die geistig wenig selbständige Tochter folgt den Wertbildern kritiklos. Im Unbewußten regt sich jedoch, wie so oft in der Jugend, ein nagender Zweifel am Sinn all der Äußerlichkeiten.

Ein kombinierter Testsatz

Abschließend soll an einem Beispiel gezeigt werden, wie bei einer Jugendberatung der Wartegg-Zeichentest im Zusammenspiel mit den anderen graphischen Tests und der Handschrift ausgewertet wird. Der Anlaß war eine bestimmte Fragestellung: Der 14 ½jährige Schüler hatte in seinen Schulleistungen versagt. Bei sonst großem Geselligkeitsbedürfnis und guter Kontaktfähigkeit schwankten jetzt seine mitmenschlichen Beziehungen zwischen spröder Ablehnung und Scheu einerseits, unkritischer Mitläuferschaft andererseits. Überdies machten sich gesundheitliche Störungen bemerkbar, wofür sich medizinisch kein Befund ergeben hatte. – Was konnte die Ursache sein, und wie wäre dem Jungen zu helfen?

Befragen wir zunächst den *Wartegg-Zeichentest* unter dem Gesichtspunkt der Leistung, so ergibt sich schon eine alarmierende Diskrepanz zwischen Streben und blockiertem Antrieb, zwischen Wollen und Nichtkönnen. Im Feld des Strebens (3) zeichnet der Schüler einen Kran, dessen Arm die vom Zeichen angedeutete Steigerung aufnimmt. Er kann als ein Sinnbild von Kraft und Mächtigkeit – hier des Hebenkönnens – angesehen werden. Die Sonne rechts oben unterstützt den positiven Eindruck. Die für die dargestellte Aktivität erforderliche Spannung erwarten wir in Feld 5. Hier ist zwar das Zeichen aufgenommen worden, die Dynamik wird dann aber durch einen ›Unfall‹ blockiert. Dies weist nicht auf Kraftlosigkeit hin, sondern es hat eine Panne gegeben: etwas ist geschehen, was die natürliche Dynamik ins Stocken bringt.

Finden wir in diesem Test noch weitere Hinweise auf die Störung? Als nächstes legt es sich nahe, die Felder der Gefühlsansprechbarkeit und Reagibilität anzuschauen. Im Feld 2 wird das Zeichen des Schwebenden, Leichten mit steil aufragenden Zacken beantwortet, die fast bis an den oberen

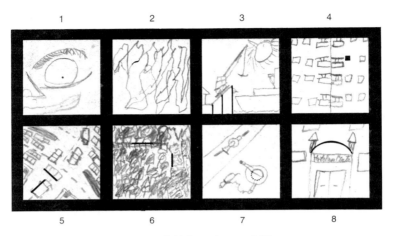

1. Auge 2. Wellengang 3. Hafenmole 4. Häusermeer
5. Unfallfahrer 6. Aussichtspunkt im Gebirge 7. Mensch mit Hund und ein Radfahrer 8. Hoteleingang

Abb. XXI a ♂ 14;6

SWT-AL

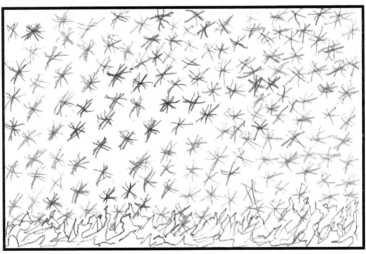

Abb. XXI b

Rand des Bildes reichen. Man denkt an Felsen, entdeckt aber überrascht, daß der Zeichner sein Bild »Wellengang« benennt. Bedenken wir, daß das Zeichen der Gefühlsansprechbarkeit hier mit dem Symbol für Seelisches, mit Wasser beantwortet wird, so ist die Art der Darstellung umso ernster zu nehmen. Hier muß ein Sturm getobt haben, um solchen Seegang zu erzeugen. Bei derart heftiger affektiver Reaktion fällt umso mehr auf, daß das Zeichen der Sensibilität und Zartheit überhaupt nicht aufgenommen worden ist. Die Sicht von oben weist darauf hin, daß die mangelnde Einfühlung durch Verstehenwollen ersetzt wird. – Nehmen wir die Frage nach dem Selbstgefühl hinzu. In Feld 1 finden wir ein bedrohlich uns anschauendes Auge, während in 8 ein repräsentativer Hoteleingang das Bild ausfüllt. Hier legt sich zuerst keine Beziehung zwischen Icherlebnis und Geborgenheitsthematik nahe. Und dennoch ist sie in ähnlich diskrepanter Weise gegeben wie bei Wollen und Können in den Feldern 5 und 3, denn die wahnhafte Bedrängnis des Bildes 1 drückt eine Irritierung des Jungen aus, der pompöse Hoteleingang dagegen zeigt einen unkritisch übernommenen Anspruch, den ihm die Familie vermittelt hat und der ihn bedrängt. – Die Zeichen der Schwere (4) und der Ganzheit (6) sind beide nicht aufgenommen. Die Felder zeigen uns hier jedesmal einen Ausschnitt. Das Schwerezeichen wird zu einem belanglosen Fenster in einer Häuserfassade, was › Häusermeer ‹ genannt wird. Und Feld 6 wird mit einem unkonturierten Gewirr von Baumkronen ausgefüllt, als › Aussichtspunkt im Gebirge ‹ bezeichnet. Das Streben nach Übersicht ist dabei nochmals durch die Vogelschau betont. Bei allem ausdrücklichen Wunsch des Zeichners nach Übersicht und Verstehen legt es sich daraus nahe, daß er sein Problem nicht in den Griff bekommt, geschweige denn verstehen kann.

Während die Eigenqualität der Zeichen in 1 und 8 sowie in 3, 4 und 5 aufgenommen worden ist, kann man sie in 2 als geradezu negativ beantwortet bezeichnen, und in 6 ist sie restlos übersehen: es gibt in der Zeichnung nicht eine gerade Linie. Hier zeigen sich die Kontaktschwierigkeiten des Jungen, ebenso das Leistungsversagen. Seine Gemütsbedürfnisse kommen aber sehr deutlich darin zum Ausdruck, daß er in acht Feldern sieben Bildlösungen bringt.

Vermittelt schon der Inhalt des Tests den Eindruck einer psychischen Störung, so wird dieser durch die Strichart der Zeichnung noch erhärtet. Die Strichführung ist unsicher, die Strichcharaktere schwanken zwischen tonig-schwammig und scharf-hart. Hierin kommt die kritiklose Mitläuferschaft bei forcierter − und offensichtlich erfolgloser − Denkbemühung zum Ausdruck.

Der *Sterne-Wellen-Test* ergänzt den Eindruck der Gestörtheit auf das Eindringlichste. Das Bild ist fast ganz mit Sternen ausgefüllt, Symbole des Lichtes und somit des Geistes. Bedrängend deutet sich auch hier ein forciertes Bemühen um Wissen und Verstehen an. Wie wenig es von geistiger Klarheit begleitet ist, läßt uns die diffus verwaschen gezeichnete Form der Sterne erkennen. Diese drängen sich in der rechten Seite des Bildes und sie dringen noch in den ohnehin schon kargen Bereich des Wassers ein. Die Wellen bilden nur einen ganz schmalen Streifen am unteren Bildrand, das Thema Wasser = Seele tritt offenbar zurück. Die Wellen schwingen nicht, das Wasser fließt weder noch schwappt es rhythmisch, es ist auch hier in Zacken erstarrt wie im WZT. Sowohl die kortikale Steuerung, die zur Formung der Sterne notwendig ist, als auch die pallidäre der Auf- und Ab-Bewegung bei der Wellenzeichnung wird von dem Jungen nicht bewältigt.

Auch hier ist der Strich durchweg gestört. Die Strichführung ist abgesetzt und unsicher. Die Strichart ist tonig-schwammig, gelegentlich kompensierend scharf-hart. Auch hierin drückt sich wieder das Schwanken zwischen schlaffer Anhänglichkeit und schroffer Ablehnung im Umweltkontakt aus.

Als nächstes ergänzen wir die Diagnose durch die *Baumzeichnung*, die außer weiterem Einblick in die Störung jetzt auch Auskunft über den Entwicklungsstand des Jungen geben soll. Auch der Baum verrät die psychische Störung durch den unproportioniert in den Bildraum drängenden

Abb. XXI c

Abb. XXI d

Baumstamm, dem nur der karge Ansatz einer Krone gegenübersteht. Die verquollenen Äste sind Anzeichen für eine disharmonische Persönlichkeitsentfaltung. Die zackigen Blätter wiederholen die schroffe Bewegungsart in den Zeichnungen der übrigen Tests. Ein Aststumpf links am Stamm macht uns vielleicht auf eine seelische Verwundung aufmerksam. Die schlaffen Wurzeln, eher abfließendem Wasser als sich eingrabendem Holz gleichend, vermitteln den Eindruck eines unerfüllten Verwurzelungs- und Geborgenheitsbedürfnisses.

Der Baum wirkt aber überdies kindhaft für den fast 15jährigen. Er überfüllt das Zeichenblatt maßlos; die Krone setzt mit dem Fingeransatz (der Vorpubertätszeit) an; der Baum haftet noch am unteren Zeichenrand. Eine Entwicklungsretardierung oder vielleicht eine Regression kann für möglich gehalten werden.

Die Strichführung ist in der Konturierung des Stammes zügig und sicher, im übrigen häufig stockend und abgesetzt. Auch hier schwankt die Strichart zwischen tonig-schwammig und scharf-hart, als Schlaffheit und kompensierende Bewußtheit zu deuten.

Einen Einblick in die vermutliche Ursache der Störung gibt uns das Familiensoziogramm, die gezeichnete ›Familie in Tieren‹. Das Bild ist eindrucksvoll lebendig ausgeführt. Zwei Tiere sind in Bewegung, Vater und jüngere Schwester darstellend. Bei nur geringer Zeichenbegabung stellt der Junge vorzüglich die Unbefangenheit der kleinen Schwester dar, die als ›spielendes Fohlen‹ auftritt. Der Vater, ein ›Esel‹, bewegt sich kaum, er horcht oder ruft, er wirkt wach und aufmerksam. Bemerkenswert sind im Vergleich zu diesem Paar – das sich den Rücken zukehrt – die zwei anderen Mitglieder der Familie, die offenbar buchstäblich die Flucht ergriffen haben. Die Mutter, als Katze dargestellt, hat sich auf den Baum zurückgezogen, sie ist von einer deutlich betonten Hülle umgeben. Der Zeichner selber ist gar in der Erde als Schildkröte verborgen.

Der Strichcharakter ist auch auf diesem Bild überwiegend

tonig-schwammig. Bemerkenswert sind jedoch die beiden mit fixierender Schwärzung ausgeführten ›Hüllen‹ um die Katze (Mutter) und die Schildkröte (Sohn). Hier sollten wir einen Konflikt vermuten, der diese beiden Personen von dem wach-horchenden Vater und dem unbekümmert-spielenden Schwesterlein trennt. Besonders betrifft dies natürlich den Zeichner selber, der unter einer deutlich gezeichneten Erdschicht ist, die überdies als Ausdruck der affektiven Beteiligung am Thema heftig gedunkelt ausgeführt wird.

Wir haben bis jetzt schon deutliche Hinweise auf psychische Störung, Entwicklungsretardierung, Leistungskonflikte und mangelndes Geborgenheitsgefühl; die Tierzeichnung drückt überdies das Erlebnis eines ›Familiendramas‹ aus, über dessen faktische Existenz uns der Test nichts sagen kann, was aber für unsere Diagnose vorerst nicht wichtig ist. Dies sind wertvolle Ansatzpunkte für die Exploration, die jetzt viel gezielter erfolgen kann. Ganz unersetzlich aber sind die Auskünfte, die uns die *Handschrift* über den Jungen gibt und die wegweisend für die Beratung sein werden.

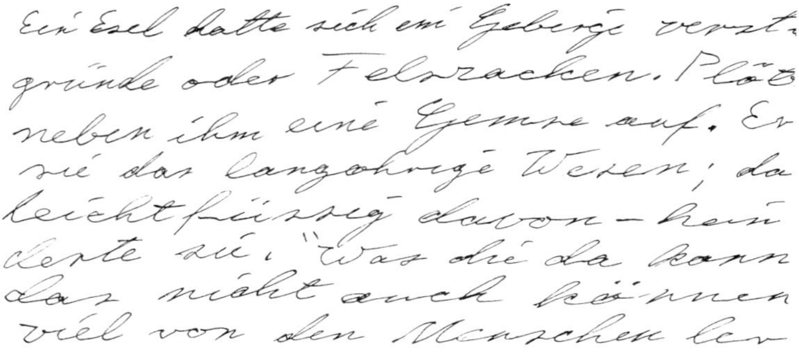

Abb. XXI e

Sowohl der Ablaufrhythmus der Handschrift als auch der Schriftstrich sind leicht gestört. Wir haben nicht die typischen Pubertätsstörungen, vermutlich liegen sie schon einige Zeit zurück. Die vorliegenden Symptome können viel eher auf Irritierungen und Verunsicherungen zurückzuführen sein, die keine endogenen Ursachen haben. Der Bewegungsablauf ist unzügig, schlaff, ihm fehlt die zweckmäßige Versteifung der normalen und ungestörten Schrift. Aber auch der Strich als solcher ist brüchig und spröde. Bemerkenswert ist, daß keine Hemmungs-Enge auftritt, was hier fast als Mangel gesehen werden kann. Wäre der Junge bei soviel Unsicherheit und Irritierung selbstkritisch, so würde die Schrift nicht derart breit dahinfließen und sich in den Schreibraum ergießen; sie wäre in einer weiteren Dimension gestört, nämlich durch Hemmung verengt.

Der Schreibraum ist im gleichen Maße bis an die Ränder ungegliedert ausgefüllt wie die Zeichnungen. Die Zeilen- und Wortabstände sind fast schulmäßig. Am Fehlen jeder Zeilenverhäkelung, an manchem behutsamen Ausweichen der Oberlängen vor den Unterlängen der vorhergehenden Zeile sehen wir die Anpassungsbereitschaft des Schreibenden. Daß er dabei aber zum ›Anpasser‹ wird, geht aus der Monotonie der schulmäßig eingeübten Formen hervor.

Hier kommen wir zu einem ganz wichtigen Kriterium für die Beratung. Die Schrift weist eine untermittlere Formselbständigkeit auf, und daraus können wir auf die geringe Ich-Stärke des Jungen schließen. Er ist der Realität von seiner Persönlichkeitskapazität her nicht gewachsen; er erfaßt sie deshalb nur oberflächlich, nicht im Tiefengehalt, nicht in Zusammenhängen. Seine Intelligenz ist reproduktiv, er ist nur Lerner; an der Bemühtheit der Formung sehen wir: er ist ein fleißiger Lerner. Aber er ist weder ein kritischer noch ein kreativer Kopf. Hinzu kommt eine weitere Information aus dem Schriftausdruck. Der Strich ist nicht nur unelastisch und somit gestört, er ist auch adynamisch und damit schwach. Das läßt auf eine geringe psychische Belastbarkeit schließen. So gesehen, mag der ›Rückzug‹ der Schildkröte in der Selbstdarstellung des Jungen eine echte und psychisch gesunde Reaktion in seelischer Not sein, denn der Junge ist dem Gesamtausdrucksbild nach restlos überfordert. Auch die Entwicklungsretardierung oder Regression wäre hiermit zu erklären.

Ein bedenkliches Gewicht erhält gerade durch die Ichschwäche und psychische Kraftlosigkeit des Jungen in dieser Situation der naive Anspruch, der offenbar vorhanden ist. Ob er materieller oder sozialer Art ist, könnte die Exploration erhellen. Daß er besteht, ersehen wir aus der Maßlosigkeit und Uneingegrenztheit der Darstellungen in den Tests ebenso wie im Ausdrucksbild des WZT Feld 8 mit dem ambitiösen Hotelportal.

Dem Schriftausdruck nach ist der fast 15jährige dem Weltbild seiner Umwelt recht kritiklos ergeben (mangelnde Formselbständigkeit). Er ist angepaßt (Gleichmaß), nicht eigentlich autoritär gesteuert, aber auch nicht aus eigenem Impuls. Er zeigt soziale Bildung, dagegen ganz wenig intellektuelle Formung (geringe Vereinfachung). Seine Eigenart ist wenig profiliert, er ist unoriginell und damit Fremdeinflüssen zugänglich. Der in diesem Alter sonst schon zu erwartende ›Rang‹ der Schrift fehlt ganz, ein verstehendes Eingehen auf Partner und Umwelt ist kaum zu erwarten.

Besonders akzentuierte Interessen sind weder im seelischen noch geistigen oder materiellen Bereich vorhanden, bis auf ein gewisses Dominierungsbedürfnis im geistigen (t-Striche). Im seelischen bzw. emotionalen Bereich können Unsicherheit und kompensatorische Bemühung vermutet werden (schlaffe, bzw. winklig-starre Bindungsform). Dem Konstitutionstyp nach ist der Junge aktiv und weltzugewandt-extravertiert, aber im Bereich des Denkens tendiert er wenig zu Reflektion und Kritik. (Nach *Le Senne* ist er ein Typ P/E/A.)

Bei den schon erwähnten schwachen geistig-seelischen Dispositionen legt es sich nahe, daß der Junge starke und unerwartete Ereignisse weder verarbeitet noch verkraftet. Man möchte seinen Eltern und Erziehern empfehlen, ihm einen Schutzraum zu schaffen, eine kleine, übersichtliche konkrete Welt. Andernfalls könnte sich die psychische Störung verfestigen, die Leistungen könnten restlos versiegen. Das ohnehin labile Selbstgefühl des Jungen könnte leicht noch stärker frustriert werden oder es käme zu bedenklichen Kompensationen, durch die er sich der Gemeinschaft nur noch mehr entfremden würde.

Natürlich sollte in erster Linie angestrebt werden, die offensichtlich belastende Familiensituation zu klären und die familiäre Gemeinschaft zu konsolidieren, was der Junge wohl am nötigsten braucht.

Abb. XXII ♀ 6;0

1. Mädchen 2. Junge 3. Frau mit Baby 4. Haus mit Rauch 5. Haus Blume Baum 6. Rad mit Haus 7. Altes Haus 8. Haus mit Regenbogen

Beispiele aus verschiedenen Anwendungsgebieten

1. Probleme im Vorschulalter

Die zwei WZTs XXII und XXIII stammen von zwei Mädchen, bei denen die Frage der Schulreife aufgetreten ist. Beide wirken in Einzelaufgaben intelligent, trotzdem sind die Mütter sich nicht sicher, ob es für die Einschulung reicht oder ob man sie um ein Jahr zurückstellen soll.

XXII

Das Kind lebt bei seiner alleinerziehenden Mutter, die über Tag beruflich tätig ist, entweder in der Schule (sie ist Lehrerin) oder mit Hausaufgaben beschäftigt, und für das Kind ›nicht da‹. Das kleine Mädchen ist im Kindergarten unauffällig, sträubt sich aber gegen die bevorstehende Einschulung. Der Test ergibt durch seine geschickten Zeichnungen den Hinweis auf ein waches und intelligentes Kind. Zwei Bedenken müssen geltend gemacht werden: Die vorgegebenen Zeichen werden weder eingebunden noch ihrer Eigenqualität gemäß respektiert, und das Mädchen hat, ohne zu perseverieren, nur zwei Themen im Vordergrund: Kind und Haus. Überdies haben wir durchweg Bildlösungen vor uns, die auf Emotionalität hinweisen, so daß der Unwille des Kindes gegen die Schule wohl mehr als ein ›Wille zum eigenen Heim‹ zu interpretieren ist. Der Mutter wird geraten, mehr für das Kind da zu sein.

Abb. XXIII ♀ 6;2

XXIII

Der Test stammt von einem 6;2jährigen Mädchen, das schon ganz mit der Schulthematik beschäftigt zu sein scheint; es gibt einen Lehrer an der Tafel, eine Uhr, Noten. Das Kind erweist sich auch als anpassungswillig und fügsam. Aber es ist langsam und kann oft nicht angemessen reagieren. Daß dies zum Teil an einer Schwäche des Richtungssinnes liegen mag, ersehen wir an den Uhrziffern. Die gute Einbindung und Aufnahme der vorgegebenen Zeichen dagegen – dies auch in bezug auf runde und eckige Vorgaben – lassen aufnahmebereite Emotionalität vermuten. Das massiv zu einem Bärenfuß gestaltete Sensibilitätszeichen in (7) gibt Anlaß zu dem Hinweis, daß ein geduldig-fügsames Kind nicht auf Kosten der komplizierteren übergangen oder gar verletzt werden darf, wie es hier der Fall gewesen sein könnte. Wenn Mutter und Lehrerin dies berücksichtigen, spricht nichts aus dem Test gegen Schulfähigkeit.

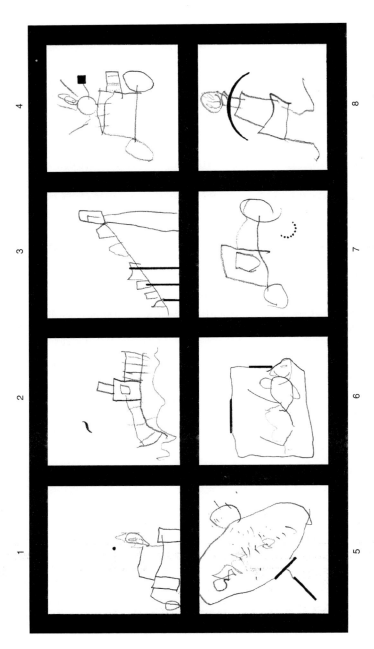

Abb. XXIV ♂ 5;8

1. Löwe 2. Schiff 3. Treppenhaus + Tür zu mir 4. Feuerwehrauto 5. Schmetterling 6. Fisch im Wasserkasten 7. Lastwagen 8. Mensch, eigentlich ich

XXIV

Dieser Test ist von einem 5;8jährigen Adoptivkind gezeichnet, das die Eltern aus Südamerika mitgebracht und liebevoll aufgezogen haben. Es hatte als Findelkind vor der Tür eines Heimes gelegen, die Mutter ist somit unbekannt. Der Junge weiß darum. In letzter Zeit hatte er sich zunehmend in den Kopf gesetzt, seine Mutter finden zu müssen, ihr helfen zu wollen, sie warte ja vielleicht auf ihn. Konzentrationsschwäche und Schlaflosigkeit sind die Folgen. Schulprobleme bestehen dagegen überhaupt nicht, der Bub ist hochintelligent und seinen Altersgenossen weit voraus. – Die Zeichnungen sind skizzenhaft hingeworfen und überraschen durch sinnvolle Aussparungen und Abstraktionen. Man beachte den Löwen in (1) und den Menschen in (8)! Für das Schiff in (2) wird eine Welle angedeutet. Bemerkenswert ist das Thema Bewegung im Test: Es gibt drei motorische Fahrzeuge und zwei ›aktive‹ Lebewesen. Bemerkenswert ist auch die Lösung im Zeichen der Ganzheit (6), die er ›Fisch im Wasserkarton‹ nennt, sie erinnert an den embryonalen Zustand. – Die ratlosen Eltern wandten sich an den Therapeuten, der mehrere Vorschläge machte, um die fixe Idee zu lösen. Vielleicht könnte man den aufgeschlossenen und sehr frühreifen Jungen mit geistigem Stoff versorgen, in diesem Fall wäre eine baldige Einschulung sogar ratsam.

Abb. XXV ♂ 7;4

1. Gesicht von einem großen Vampir 2. Baby-Vampir 3. Löwe 4. Mauer, über die man drüberspringen muß 5. Kanone, die schießt gerade ein Flugzeug ab 6. Haus mit Blumen und Wiese 7. Da fliegt ein Flugzeug in McDonalds. 8. Das ist die ganze Welt

XXV

Das Kind, ein Enkopretiker, jetzt 7;2, ist schon im zweiten Schuljahr, und man möchte bedauern, daß die Eltern erst jetzt zur Beratung kommen. Während sie dem Therapeuten aufmerksam zuhören, jagt der Bub im Sprechzimmer herum, reißt Bücher aus dem Regal, wirft Vasen und Bilder um. Die Mutter verbietet zwei-, dreimal, um dann resigniert zuzusehen. Der Test ist in amüsanter Weise aufschlußreich. Zweimal ist Kollisionskurs angesagt, der ›große Vampir‹ in (1) und der ›Baby-Vampir‹ in (2) meinen es jedoch nicht böse. Die Freude am Risiko spricht sich in (4) aus, die Schwere wird optimiert. Und da niemand ihm seine Freiheit läßt, fühlt er sich löwenstark im Käfig eingesperrt (3). Nachdenklich stimmt die Lösung (8), von ihm bezeichnet als ›die ganze Welt‹. Hier anzuknüpfen kann den Eltern geraten werden. Denn das motorische Kind, das durch unkonsequente Maßnahmen nur frustriert wird, sollte in seinen rezeptiven Fähigkeiten stärker angesprochen werden.

Abb. XXVI ♀ 18;— 1. Eisblume 2. Vögel 3. Wolkenkratzer 4. Quadrate 5. Lenkrad 6. Würfel 7. Blüte 8. Clown

2. Aus der Lebensberatung

Daß sich zu einer Lebensberatung ohne den Anlaß eines Leidens besonders junge Erwachsene einfinden, liegt in der Natur der Sache. Sie sind großjährig geworden, und häufig merken sie erst jetzt ganz deutlich, daß dies nicht nur viel mehr persönliche Freiheit bedeutet, sondern auch mehr Verantwortung, somit mehr Entscheidungen. Es ist eine andere Situation als die Adoleszenzkrise, ja es geht nicht um eine Krise. Aber sowohl Ratlosigkeit als auch Konflikte legen sich nahe. Einige der möglichen Situationen sollen in den folgenden vier Testantworten aufgezeigt werden; es sind zwei weibliche und zwei männliche, und der Vergleichbarkeit wegen sind es Absolventen der Oberschule.

XXVI

Die 18jährige ›Tochter aus gutem Hause‹, wie es früher geheißen hätte, ist gerade großjährig geworden. Sie selbst hat keinen Anlaß gesehen, ein Gutachten über sich zu bekommen. Der Vater hatte es gewünscht. Seine Tochter, meinte er über sein einziges Kind, habe ihm immer nur Freude gemacht, aber für ihr weiteres Leben habe sie keinen Wunsch und kein Ziel. – Wenn wir uns den Ausdruck des Tests anschauen, wird dies sofort einsichtig. Die Zeichen sind eingebunden; die Eigenqualitäten wunderbar aufgenommen; sie bringt überwiegend Bildlösungen, Ausdruck gemüthafter Zuwendung zur Aufgabe. In den Feldern (4) und (6) sind formale Muster und Würfel gezeichnet. Da bedrängt nichts, da treibt nichts um. Die Würfel zeigen ›brav‹ alle Zahlen von 1 bis 6, aber Ganzheit als Ziel überläßt sie dem Zufall. In Feld (2) bestimmt in der Land-

Fortsetzung S. 167 oben

Abb. XXVII ♀ 18,—

1. Delphin beim Sprungtraining 2. Elefantenjäger 3. Smog läßt grüßen 4. Schon als Baby hing er an der Flasche 5. Ziehspritze der Schwester 6. King kurz vor dem Bruch 7. Bewegung einer Kugel 8. Wetterstation

Fortsetzung von S. 165

schaft ein betontes Gestirn im ›ethischen‹ Bereich, linksoben, das Bild. In (7) finden wir breite, zärtlich ausgemalte Blüten. Das Ich-Feld (1) ist von einem Stern ausgefüllt, eher ein Eiskristall. Und (8) wird liebevoll karikiert. Die Tochter ist unproblematisch, gewiß, aber sie ist auch unselbständig im Urteilen. Die Eltern sollten sie zu mehr innerer Selbständigkeit hinführen.

XXVII

Ganz anders als in XXVI ist die ebenfalls 18jährige, die aus problematischem sozialem Umfeld kommt. Auch sie nimmt die Zeichen gut auf, eher etwas gemischt, wie ohnehin alles individueller gehandhabt wird. Und in (1) und (8) entnimmt man ihr Problem: Intelligenz und ›Anpassung‹, im Wetterhäuschen ausgedrückt – und dabei viel zeitgemäße Gesellschaftskritik. Sie kann innerlich nicht zur Ruhe kommen. Aber es gärt in der jungen Seele, und das ist gut so.

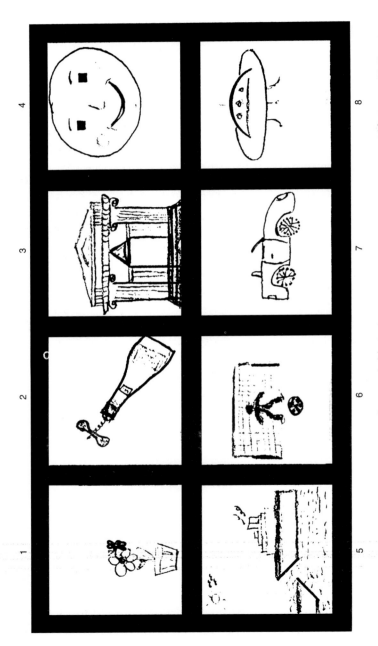

Abb. XXVIII ♂ 20,–

1. Symbiose 2. Flasche 3. Griechischer Tempel 4. Mondgesicht, freundlich 5. An der Elbe 6. Die Erwartung 7. Auto 8. Ufo

XXVIII

Der Zwanzigjährige kommt aus materiell geborgenem Elternhaus, das ihm freilich durch Konflikte in der Ehe der Eltern keine wärmende Heimat gewesen ist. Er hat die Internatsschule bis zum Abitur besucht und will nun mit seinem Schulkameraden, den wir in Test XXIX kennenlernen, quer durch die USA reisen. Er hat keine Fragen an den Psychologen, hört jedoch aufmerksam zu. Auch der Besuch zu dieser Beratung – beide haben die Reise von der französischen Grenze nach München gemacht – ist nicht sein Gedanke: Der Vater des Freundes hatte es gewünscht.
– Der Test drückt Kontaktbereitschaft und emotionale Wärme aus, aber in bezug auf die geplante Unternehmung erkennt man einige Widersprüche. So spricht die Lösung in (1) von seiner Unabgelöstheit aus der kindlichen Bindung, während in (8) ein Ufo kühn Unternehmung signalisiert. In (3), ›Steigerung‹, findet sich ein behäbiger und prächtiger Tempel, der sehr ausdrücklich stabil auf der Erde verharrt. Aber in (5) gibt es zwei Schiffe, die in Gegenrichtung fahren. In (4) ist ein fröhlicher Mond, während in (6) ein dunkel betonter Torwart massiv den ankommenden ›Stoß‹ abwehren muß. In (2) findet sich eine orale Thematik angesprochen, die in (7) durch den flotten Sportwagen ergänzt wird.

Abb. XXIX ♂ 21,–   1. Frosch 2. Engel 3. Großstadt 4. Haus 5. Segelboot 6. Radio 7. Gesichter 8. Sonnenuntergang

XXIX

Während der Freund in XXVIII Selbstunsicherheit in einem ernst gezeichneten WZT ausdrückt, verrät der Einundzwanzigjährige durch ironische Lösungen Distanz. Besonders fallen die Figuren in den Feldern der Emotionalität und Sensibilität auf, die beide recht massiv überspielt zu werden scheinen. (Die Ursache hierfür könnte die frühe Trennung der Eltern sein, die er nach eigener Angabe nicht als belastend empfunden hat.) Recht widersprüchlich zeigen sich die Felder (1) ›Frosch‹, ironisiert, und (8) ›Sonnenuntergang‹. Felder (3) und (5) dagegen sind recht gut auf die bevorstehende Unternehmung bezogen zu denken: will er doch übers Meer nach Amerika. Auch (4) und (6) sind einsichtige Korrelate: das stabile, aber auch etwas erdrückende Haus als Problem und in (6) ein Radio, das Kontaktbereitschaft vermuten läßt.

Während XXVIII der Unsichere, Zögernde ist, der eine Reise machen will, ohne dabei seine Sicherheit aufzugeben, wird XXIX der Unternehmende, Initiative sein, der Probleme oberflächlich meistert oder überspielt.

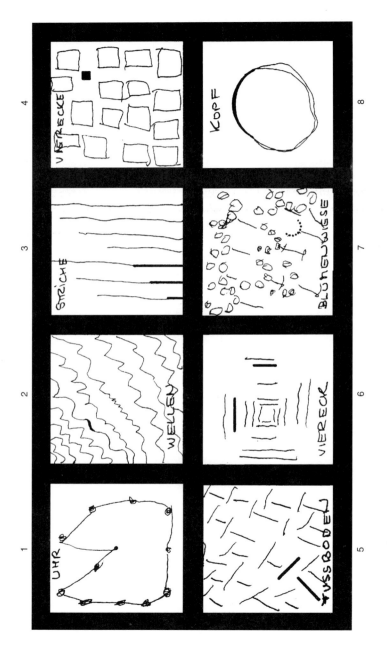

Abb. XXX   ♂ 19;–

3. Geistig Behinderte

XXX

Ein Neunzehnjähriger füllt den WZT aus und überrascht durch einfühlsame Aufnahme der vorgegebenen Zeichen. Sie sind nicht nur durchweg aufgenommen, sondern auch in ihrer Eigenqualität beantwortet. Bis auf die Felder (1) und (8) perseveriert der Zeichner. Aber feinspürig und sensibel bringt er die Wiederholungen an! Besonders können uns die Felder (2) und (7) anrühren, die seine Emotionalität und Sensibilität erkennen lassen. Die einfühlsam gezeichneten Wellen werden durch eine sensibel angedeutete Blumenwiese ergänzt, und der Strich ist im gesamten Test gleichmäßig zart. Die Uhr in (1) und der Kopf in (8) lassen an ein gewisses Ordnungsverständnis denken, das ihm innewohnen mag. (Die Inschriften sind von der Erzieherin.) – Der Schreibunfähige scheint dennoch ein harmonischer Mensch zu sein.

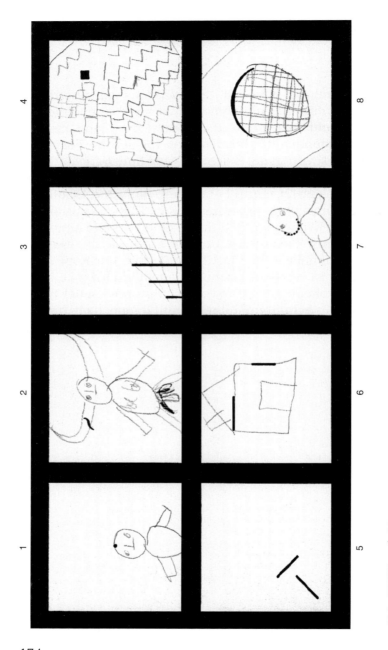

Abb. XXXI ♂ 20,–

XXXI

Ganz anders der 19jährige Zeichner dieses nächsten Bildes, der offenbar von dem Problem seiner Sexualität umgetrieben wird. In (2) (dem Kontaktfeld) kann er sich nicht genug tun, sie darzustellen, und die in drei Feldern gezeigten handlosen Arme an rudimentären Menschzeichnungen ergänzen das Bild. Im Mensch-Test wird eine Interpretation hierfür angesetzt, die auch in diesem Falle naheläge: eine Neigung zu Onanie sei gerügt oder gar bestraft worden. Ein hoher Zaun in (3) und ein Gitter im Feld der Geborgenheit (8) ergänzen das Thema. Wer einmal miterlebt hat, wie schwer die Betreuung eines körperlich reifen und geistig behinderten Menschen für die Umgebung wie auch für ihn selbst sein kann, wird diese Testantwort in ihrer generellen Problematik sehen. Daß die Gestalt in (2) keine Hände hat, dafür jedoch durch Hörner verteufelt wird, gibt einen zusätzlichen Akzent hierfür.

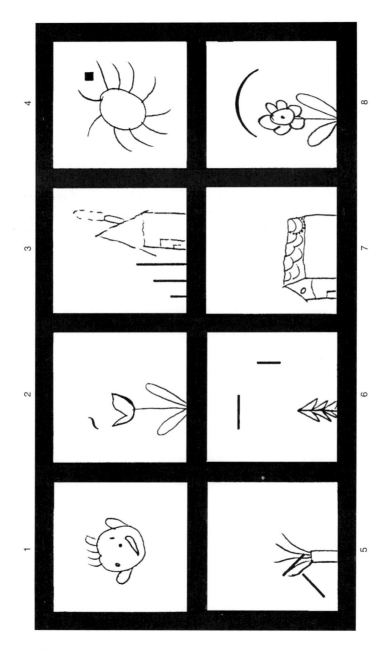

Abb. XXXII ♀ 40;7   1. Gesicht der Tochter 2. Tulpe 3. Haus 4. Sonne 5. Baum 6. Tanne 7. Bauernhaus 8. Margritli

4. Patienten in Klinischer Betreuung

XXXII

Eine 40jährige Frau sucht in einer Reha-Klinik Hilfe, sie wird seit geraumer Zeit von Rücken- und Gliederschmerzen geplagt. Aber gründliche medikamentöse und physiotherapeutische Maßnahmen haben zu keiner entscheidenden Besserung geführt. Eine Gesprächstherapie begleitet die Betreuung. Persönliche Daten: Die Frau ist geschieden, sie hat zwei Kinder und denkt an Wiederverheiratung. Sie ist Hausfrau, hat auch in einer Fabrik gearbeitet. – Der Test scheint eher von einem Kinde ausgefüllt, wobei freilich der besonders zarte bis zart-fragile (Feld 3) Strich auffällt. Das Zeichen ist nur in (1) eingebunden, auch die Eigenqualitäten der vorgegebenen Zeichen sind nicht beachtet. Man kann eine reduzierte Wahrnehmung der Umwelt in deren Eigenanspruch vermuten, bei aller Schüchternheit wirkt die Antwort egozentrisch. Ob dies aus Kraftlosigkeit und depressiver Stimmungslage so ist oder aus echter Hilflosigkeit, muß offenbleiben. Es fällt auf, daß beide gezeichneten Häuser keine Fenster haben. Und der Baum, das Symbol des Lebens, wird in zwei Feldern winzig und isoliert an die untere Linie des Feldes gesetzt, man könnte an eine demonstrative Kindlichkeit denken. – Es wäre zu bedenken, ob man das Selbstgefühl der Patientin nicht dadurch stärken kann, daß man ihr dazu verhilft, ihr Interesse von sich selber abzuziehen und objektiven Inhalten zuzuleiten.

Abb. XXXIII ♂ 47;10

1. Zentrum wird verstärkt 2. Lockenkopf 3. Stadion 4. Kandinsky (sic) 5. Toff-fahrer 6. Tür 7. Gießkanne
8. Fallschirm

XXXIII

Ganz anders als XXXII drückt sich der 47jährige Patient aus, der nach einem schweren Autounfall mit einem Schädel-Hirn-Trauma in die Rehabilitationsklinik kam. Biographisches: in zweiter Ehe lebend, von Beruf Unternehmer. – Aus dem Test sprechen Kraft, Expansivität, Ungeduld, Energie. In den Einzelfeldern finden wir dies bestätigt: Spannungsreich sind die Lösungen (1) und (8) aufeinander bezogen; eine Kraftzufuhr des expansiven Ich wird angezeigt. In (8) wird eine Flucht angedeutet, sie könnte auf Ungeduld hinweisen, die nach 31monatiger Behandlung verständlich wäre. Die Steigerung in (3) wird zu Stufen eines Stadions, und der Motorradfahrer in (5) zeigt das Tempo seiner Fahrt durch die geduckte Haltung an. Die Gefühlspartnerschaft freilich überzeugt nicht, der Lockenkopf in (2) ist mit dem betonten Mund eher zum Streit aufgelegt, und ob die Blumen trinken oder eine ›kalte Dusche‹ kriegen, bleibt offen. Das Problemzeichen in (4) bleibt ästhetisch stilisiert, und die ›Ganzheit‹ in (6) ist durch eine Tür verschlossen. Dies wäre ein wichtiger Ansatzpunkt für ein Hilfsangebot! Der Zeichner zeigt Ungeduld und expansiven Bewegungsdrang an, scheint sich aber über Inhalt und Ziel seines Strebens nicht recht klar zu sein. Hier könnte eine Gesprächstherapie ansetzen.

1. Weiß ich nicht 2. Haus mit Vögeln 3. Pferd mit Hindernis 4. Tisch, Stühle, Obst (schöner Raum) 5. Briefpapier mit Stiften 6. Eingesperrter Löwe 7. Insel, Ball (Kind fand keinen Platz im Bild) 8. Palmen mit Hängematte

Abb. XXXIV ♀ 36,–

5. Der WZT in der Kriminalpsychologie

Wenn Jugendstrafen nicht über zehn Jahre Haft vorsehen und oft sogar auch bei schweren Delikten darunter bleiben, so ist es schon deshalb geboten, dem Häftling jede mögliche Hilfe zur Resozialisierung anzubieten. Nicht weniger wichtig ist es, dies auch den Erwachsenen zukommen zu lassen, denn häufig werden selbst lebenslängliche Strafen schon nach 15 Jahren ausgesetzt. Hier wäre der projektive Test ein Mittel des individuellen Zugangs zur Persönlichkeit. Im folgenden wird der WZT von zwei Mörderinnen gezeigt, die beide ihre Tat vorsätzlich begangen haben. (Die vollständigen Testbatterien werden in meinem Buch ›Graphologie des Jugendlichen III – Straftäter im Selbstausdruck‹, München-Basel 1993, besprochen, die Sterne-Wellen-Tests auch in ›Der Sterne-Wellen-Test‹, 2. Aufl. 1994.)

XXXIV

Die Frau lebte in materiell gesicherten Verhältnissen, etabliertes Bürgertum, ein Kind. Die Ehe freilich war belastet, und die Frau fühlte sich durch die Ansprüche des Mannes gedemütigt und entwürdigt. Eine Scheidung lehnte er kategorisch ab. Mit zwei Freundinnen gemeinsam plante sie, ihn umzubringen, wofür er in eine Falle gelockt wurde. – In den Testantworten gibt es zwei Themen, und beide sind ganz eng auf die Täterin selbst bezogen. Es ist der Hinweis auf Wohlstand und auf Zwang. Sicherheit und Wohlstand zeigen das Haus in (2) und der mit Früchten reichgedeckte Tisch in (4). Wohlstand und Freude deuten Palmen und Ball in (7) an, auf lässigen Genuß weist die Hängematte zwischen Palmen hin, für die sie das Testblatt gedreht hat.

Fortsetzung S. 183 oben

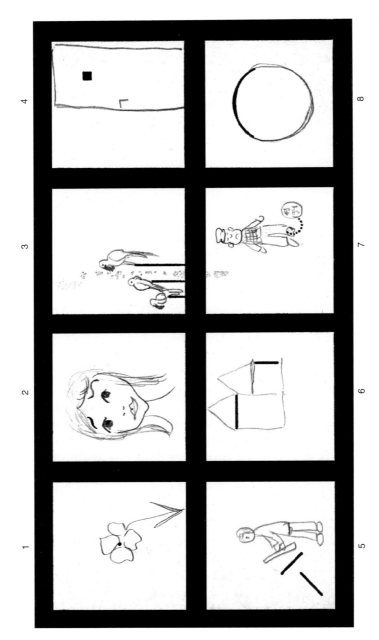

Abb. XXXV ♀ 40,–

1. Blume 2. Frau 3. Papageien (unterhaltend) 4. Knasttür 5. Mann sammelt Holz 6. Häuser (wohne zu Hause) 7. Mann im Knast 8. Sonne geht unter

Fortsetzung von S. 181

Einengung findet sich in (1), (3), (6) – in zwei Feldern betrifft es einen kraftvollen Löwen. – Das Urteil heißt natürlich ›lebenslänglich‹. Es wird der Frau schwerfallen, sich in ihre Haftsituation zu finden, und überdies wird sie sich noch mit ihrer Tat auseinandersetzen müssen. Hier könnte Hilfe einsetzen.

XXXV

Die Zeichnerin ist wegen eines ähnlichen Deliktes inhaftiert wie die vorige: vorsätzlicher, heimtückischer Mord. Auch sie hatte ihr Opfer in eine Falle gelockt, auch diesem Opfer näherte sich das Verhängnis unbemerkt von hinten. Aber was für ein Unterschied im Ausdruck des Tests! – Das Gesamt der acht Felder wirkt zart, freundlich. Zweimal ist zwar auch hier auf die Haftsituation hingewiesen. In (4) wirkt die Tür des ›Knasts‹ ernst und verschließend. Schon lockerer scheint das Männlein mit der Kugel am Bein (7) aufgefaßt worden zu sein. Die Widersprüche, die sich auch hier finden, sind jedoch nicht die zwischen Zwang und Wohlleben wie im vorigen Test, sondern die zwischen Haft und zärtlich erlebter Freiheit (1, 2, 3, 6), die sie im Leben nie gehabt hat. Der Zellentür zugeordnet ist ein ›Zuhause‹ ohne Tür und Fenster! Zur sensiblen Blume in (1) zeichnet sie das melancholisch stimmende Thema Sonnenuntergang. – Die Frau hat seit ihrer Kindheit eine unabgerissene Kette von Gewalt und Demütigungen erlebt. Mit 12 Jahren verlor sie die Mutter, um von jetzt an neben der Schule Haushalt und jüngere Geschwister versorgen zu müssen; zugleich wurde sie aber auch ständig vom Vater sexuell mißbraucht und brachte mit 18 ein geistesschwaches Kind von ihm zur Welt, das heute in einer Anstalt lebt. Eine kurz vor der Geburt geschlossene Ehe scheiterte bald, ebenso eine zweite, längere mit einem Trinker. In einer dritten Ehe wird sie von ihrem Mann – dem ersten, den sie wirklich liebt – gezwungen, seiner 17jährigen Geliebten jeweils das Ehebett zu räumen, bis diese sich als schwanger erklärt und ihren Entschluß bekundet, nun ganz in die Wohnung einzuziehen. Nachdem sie das triumphierend mitgeteilt hat, lockt die Ehefrau sie in ein Nebenzimmer und erschlägt sie von hinten mit dem Beil. – Die Täterin berichtet den Hergang ruhig, ausführlich und gelassen. Sie wirkt entspannt und fast heiter. Sollte es für sie Strafverkürzung geben, so würde sie als Beruf gern behinderte Kinder pflegen. Für diesen Beruf scheint sie geeignet; man könnte sie in der Haft darauf vorbereiten.

Hinweise zu den Abbildungen

Für das Geschlecht sind die Zeichen ♂ = männlich und ♀ = weiblich gesetzt.

Das Lebensalter ist in Jahr und Monat angegeben; ein Strich hinter dem Semikolon statt der Monatsangabe bedeutet, daß das Alter nur nach Jahren bekannt war.

Die Bezeichnungen der Bilder stammen stets von den Zeichnern selber; fehlerhafte Orthographie wurde belassen. Die Reihenfolge der Entstehung und die Einstufungen der einzelnen Zeichnungen als gelungen innerhalb der WZT sind nicht wiedergegeben, da sie nur teilweise von den Zeichnern angegeben worden waren.

Alle dargestellten Handschriften sind auf die Hälfte verkleinert worden.

Register der Symbole und Stricharten

Angegeben ist zuerst die Seite, dann in Klammern die Abbildungsnummer, gegebenenfalls mit den Einzelfeldern hinter dem Schrägstrich.

1. Register der Symbole

Altar 26 (10h); 128 (XVII/8)
Anker 110 (XII/5)
Auge 18(4e); 50 (22d); 54 (23b, 23f); 64 (28b/7); 65 (29b/1); 66 (30a/2, 4, 7, 8, 30b/1); 68 (I/3)
Auto 17 (3/6); 49 (21e, 21f); 56 (24f); 68 (I/3, 7); 90 (VII/6); 92 (VIII/1); 118 (XVI/7); 138 (XIX/6); 160 (XXIV/4, 7); 164 (XXVI/5); 168 (XXVIII/7)
Baby 56 (24c, 24d); 90 (VII/2); 156 (XXII/3)
Baum 21 (6e); 23 (8f); 42 (17f); 64 (28/5); 138 (XIX/2); 142 (XX/3); 156 (XXII/4, 5); 164 (XXVI/7); 176 (XXXII/5, 6)
Blume 17 (2/7); 23 (8d); 26 (10a); 49 (21b); 54 (23a); 56 (24b); 66 (30b/3, 5); 92 (VIII/7); 102 (X/1); 114 (XIII/7); 122 (XV/1); 156 (XXII/4, 5, 7); 168 (XXVIII/1); 176 (XXXII/2, 8)
Bogen (und Pfeil) 50 (22g)
Brücke 58 (25b); 62 (27/8)
Clown 17 (2/2); 23 (8g); 76 (III/8); 124 (XVI/2); 164 (XXVI/8)
Drachensteigen 43 (18d); 72 (II/4)
Fallschirm 27 (11d); 178 (XXXIII/8)
Fenster 43 (18g, 18h); 60 (26b)
Feuer 21 (6h); 64 (28/2)
Frau 24 (9e); 26 (10d); 36 (14a/3); 56 (24g); 62 (27/7); 134 (XVIII/2, 7); 156 (XXII/3)
Gang 38 (15d); 64 (28a/4, 28b/4); 96 (IX/4); 128 (XVIII/4)
Gefängnis 42 (17g, 17h); 106 (XI/3); 122 (XV/4); 182 (XXXV/4, 7)
Geländer 62 (27/3); 118 (XIV/3); 122 (XV/3)
Gesicht 22 (7h); 27 (11g); 34 (12a/2, 7); 35 (13a/1, 4); 82 (V/1 – 8); 86 (VI/8);

185

90 (VII/1, 2); 110 (XII/1, 8); 114 (XIII/8); 118 (XIV/2); 122 (XV/2, 8); 162 (XXV/1, 2); 176 (XXXII/1)
Gitter   21 (6b); 42 (17g); 78 (IV/3); 134 (XVIII/1); 162 (XXV/3); 180 (XXXIV/6)
Hammer   58 (25g); 64 (28a/5)
Haus   21 (6b); 34 (12a/4); 47 (20b); 58 (25d); 76 (III/6); 86 (VI/6); 102 (X/6); 138 (XIX/3, 4); 156 (XXII/4, 5, 6, 7, 8); 158 (XXIII/6); 162 (XXV/6); 164 (XXVI/3); 168 (XXVIII/3); 170 (XXIX/4); 176 (XXXII/3, 7); 180 (XXXIV/2); 182 (XXXV/6)
Junge   156 (XXII/2)
Kampf   45 (19c, 19d, 19e)
Karikierter Mensch   20 (5g); 22 (7g); 24 (9g); 27 (11f); 60 (26f); 72 (II/8); 96 (IX/8); 128 (XVII/2); 166 (XXVII/2, 4); 178 (XXXIII/2)
Kerzen   42 (17e); 64 (28b/6)
Kopf   64 (28b/5); 72 (II/1, 8); 158 (XXIII/8); 176 (XXXII/1); 182 (XXXV/2)
Kran   22 (7a)
Kreuz   50 (22h); 65 (29b/4); 134 (XVIII/4)
Labyrinth   47 (20c)
Laub   56 (24h); 138 (XIX/2)
Leiter   24 (9f); 42 (17d)
Licht   102 (IX/5, 7); 122 (XV/7)
Mädchen   156 (XXII/1)
Mann   36 (14a/3); 58 (25a); 92 (VIII/2); 124 (XVI/1); 142 (XX/2); 174 (XXXI/2); 182 (XXXV/5, 7)
Mauer   102 (X/3, 4); 162 (XXV/4)
Maus   54 (23c); 90 (VII/8)
Mensch   158 (XXIII/4); 160 (XXIV/8); 174 (XXXI/1, 7); 180 (XXXIV/3, 6)
Mond   26 (10b); 35 (13b/8); 168 (XXVIII/4)
Müll   118 (XIV/7); 138 (XIX/6)
Pakete   58 (25e, 25f)
Pfeil   20 (5h); 65 (29b/5)
Qualle   54 (23d); 65 (29b/8); 118 (XIV/1)
Rad   49 (21g); 50 (22f); 64 (28a/1); 156 (XXII/6)
Rakete   23 (8a); 45 (19b); 58 (25c); 124 (XVI/7)
Regenbogen   156 (XXII/8)
Roboter   76 (III/4); 142 (XX/4)
Schiff   160 (XXIV/2); 168 (XXVIII/5); 170 (XXIX/5)
Schirm   27 (11f); 50 (22b, 22e); 138 (XIX/8)
Schranke   43 (18e)
Seiltänzer   43 (18c)
Sonne   18 (4a); 27 (11f); 170 (XXIX/8); 176 (XXXII/4); 182 (XXXV/8)
Spritze   166 (XXVII/5)
Stern   35 (13b/1); 50 (22c); 164 (XXVI/1)
Tier   158 (XXIII/7); 160 (XXIV/1, 5, 6); 162 (XXV/3); 166 (XXVII/1); 170 (XXIX/1)
Tor (Tür)   17 (3/8); 27 (11b); 146 (XXIa/8); 160 (XXIV/3); 178 (XXXIII/6); 182 (XXXV/4)
Treppe   34 (12a/3); 35 (13a/3); 38 (15c); 42 (17b, 17c); 62 (27/3); 72 (II/3); 134 (XVIII/3); 160 (XXIV/3); 178 (XXXIII/5)
Tunnel   43 (18f); 60 (26e); 64 (28a/3); 138 (XIX/1)
Uhr   158 (XXIII/1); 172 (XXX/1)
Unfall   45 (19h); 47 (20g); 138 (XIX/5); 146 (XXIa/5); 162 (XXV/5, 7)
Verkehrsschild   47 (20e); 114 (XIII/5)
Vögel   20 (5e, 5f); 56 (24a); 164 (XXVI/2); 180 (XXXIV/2); 182 (XXXV/3)
Waffe   23 (8h); 34 (12a/5); 45 (19g); 47 (20h); 78 (IV/5)

Wasser   20 (5e); 27 (11a); 35 (13b/2); 49 (21c); 62 (27/1, 8)
Weg   17 (3/4); 43 (18f)
Wegkreuzung   45 (19f); 134 (XVIII/5)
Werkzeug   64 (28a/5)
Würfel   164 (XXVI/6)
Zahnrad   49 (21g)
Zaun   42 (17f); 90 (VII/3); 92 (VIII/1, 3, 4, 5, 6); 106 (XI/1); 138 (XIX/3); 174 (XXXI/3)
Zielscheibe   18 (4d); 38 (15f)
Zündhölzer   42 (20f); 60 (26d); 102 (X/5); 118 (XIV/5); 122 (XV/5)

2. Register der Stricharten

a) Strichführung

sicher: 34 (12a/3, 4, 5, 8, 12b/2, 4); 35 (13a/1, 3, 4, 6, 13b/1, 2, 3, 4, 5); 36 (14b/1 – 8); 38 (15b, 15d, 15e, 15g); 39 (16d, 16g); 42 (17b); 43 (18b, 18c); 45 (19b, 19c, 19e); 47 (20d, 20f); 49 (21d, 21g, 21h); 50 (22b, 22c, 22d, 22e, 22h); 54 (23a, 23b); 56 (24a, 24b, 24c, 24d); 58 (25a, 25b, 25c, 25d); 60 (26a, 26b, 26d, 26e, 26f, 26h); 62 (27/1, 2, 3, 4, 6, 8); 65 (29a/1, 2, 3, 5, 29b/2,5); 68 (I/1 – 8); 72 (II/4); 78 (IV/1 – 8); 86 (VI/1 – 8); 90 (VII/6); 96 (IX/4); 102 (X/4, 6); 110 (XII/1, 2, 6, 8); 114 (XIII/2, 4, 5, 7, 8); 124 (XVI/1 – 8); 134 (XVIII/3, 4, 5, 6, 8); 149 (XXIc); 150 (XXId); 176 (XXXII/7); 178 (XXXIII/1 – 8)

unsicher: 34 (12a/1, 2, 7, 12b/1, 5, 6, 7); 35 (13a/8, 13b/6, 8); 36 (14a/1 – 8); 38 (15c, 15f, 15h); 39 (16b, 16c, 16e, 16f, 16h); 42 (17c, 17d, 17e, 17f, 17g, 17h); 43 (18d, 18e, 18f, 18g, 18h); 45 (19d, 19f, 19g, 19h); 47 (20c, 20e, 20g); 49 (21b, 21c, 21d, 21f); 50 (22e, 22g); 54 (23c, 23d, 23e, 23f, 23g, 23h); 56 (24e, 24f, 24g, 24h); 58 (25e, 25f, 25g, 25h); 60 (26c, 26g, 26h); 62 (27/5, 7); 72 (II/1, 3, 5, 6, 8); 76 (III/1, 2, 3, 5, 6, 7); 78 (IV/1, 5, 6); 86 (VI/1 – 8); 96 (IX/1 – 8); 102 (X/3, 5, 7, 8); 106 (XI/1 – 8); 114 (XIII/6); 118 (XIV/1 – 8); 122 (XV/2, 3, 4, 5, 6, 8); 128 (XVII/1 – 8); 134 (XVIII/1, 7); 138 (XIX/1 – 8); 142 (XX/2, 5); 149 (XXI/c); 150 (XXId); 174 (XXXI/3, 4, 6); 178 (XXXIII/6)

unabgesetzt: 34 (12a/3, 4, 5, 12b/4); 35 (13a/1, 3, 4, 6, 13b/1, 2, 3, 4, 5); 36 (14b/1 – 8); 38 (16e, 16g); 42 (17b); 45 (19b, 19c, 19e); 47 (20d, 20f); 49 (21g); 50 (22b, 22d, 22f, 22h); 54 (23a, 23b, 23e, 23g); 56 (24c, 24d); 58 (25b, 25c, 25d, 25e); 60 (26c, 26d, 26e); 62 (27/1); 65 (29a/1, 2, 3, 5, 29b/2, 5, 8); 66 (30b/1, 3); 68 (I/1 – 8); 72 (II/4); 76 (III/4); 78 (IV/2, 3, 4, 6, 8); 82 (V/1 – 8); 90 (VII/1, 2, 4, 8); 114 (XIII/1, 2, 4, 7, 8); 118 (XVI/1 – 8); 134 (XVIII/1, 3, 4, 8); 149 (XXIc); 150 (XXId); 176 (XXXII/4)

abgesetzt: 34 (12a/1, 2, 6, 7, 12b/1, 5, 7); 35 (13a/8, 13b/6, 8); 36 (14a/2, 3, 4, 5, 7, 8); 38 (15b, 15c, 15f, 15h); 39 (16b, 16c, 16e, 16f, 16g, 16h); 42 (17c, 17d, 17e, 17f, 17g, 17h); 43 (18d, 18e, 18f, 18g, 18h); 45 (19d, 19g, 19h); 47 (20b, 20c, 20g); 49 (21b, 21c, 21d, 21e, 21f, 21g, 21h); 50 (22e, 22g); 54 (23c, 23d, 23f, 23h); 56 (24b, 24e, 24f, 24g, 24h); 58 (25g, 25h); 60 (24g, 26h); 62 (27/2, 5, 7, 8); 72 (II/2, 3, 5, 6, 7, 8); 76 (III/1,5); 86 (VI/1 – 8); 92 (VIII/2, 3, 5, 7, 8); 96 (IX/1 – 8); 102 (X/3, 5, 7, 8); 106 (XI/1, 3, 4, 5, 6, 7, 8); 114 (XIII/6); 118 (XIV/2, 3, 4, 6, 7, 8); 122 (XV/2, 3, 4, 6, 8); 128 (XVII/1 – 8); 134 (XVIII/2, 7); 138 (XIX/2, 4, 6, 8); 142 (XX/1, 2, 5, 6, 7, 8); 149 (XXIc); 150 (XXId); 180 (XXXIV/3, 5)

b) Strichcharaktere

zart: 34 (12a/2, 7, 12b/2, in 3); 35 (13b/2, 5, 8); 38 (in 15b); 39 (16b); 45 (19f); 49 (in 21b, in 21d, in 21e); 50 (22d); 56 (24a, 24b); 58 (25f); 60 (in 26c); 62 (27/in 7, in 8); 65 (29b/8); 66 (15f/1, 3, 8); 72 (II/1, 6); 92 (VIII/in 7); 96 (IX/in 7); 102 (X/in 2, in 8); 106 (XI/in 7, in 8); 110 (XII/7); 114 (XIII/8); 118 (XIV/1, in 4, in 8); 122 (XV/7); 128 (XVII/in 8); 134 (XVIII/1); 138 (XIX/2, in 4, 7); 142 (XX/1, in 5, in 7); 149 (XXIc); 160 (XXIV/1, 2, 3, 4); 166 (XXVII/1, 2); 182 (XXXV/1 – 8)

tonig: 36 (14a/2, 4, 6); 38 (15d); 58 (in 25b); 64 (28a/in 4, 28b/in 2, 6, 8); 86 (VI/in 4); 92 (VIII/in 1); 96 (IX/in 5, in 8); 138 (XIX/in 1); 150 (XXId)

scharf: 34 (12a/3, 4, 5, 6, 8, 12b/4, 8); 35 (13a/1, 3, 4, 5, 6, 13b/1, 3, 4, 6); 38 (15e, 15g); 39 (16d, 16e); 42 (17b, 17g); 43 (in 18b, 18c); 45 (19b, 19c, 19d, 19e, 19g); 47 (in 20b, 20d); 49 (21g); 50 (22b, 22c, 22e, 22f, 22h); 54 (25a, 25b, 25e, 25g); 56 (24c, 24d); 58 (in 25a, in 25b, 25c, 25d); 60 (26a, 26b, 26c, 26e, 26f, in 26g, in 26h); 62 (27/in 4, 6); 64 (28b/in 2); 65 (29b/5, 6); 66 (30a/6); 68 (I/1 – 8); 72 (II/2, 4); 76 (III/4); 78 (IV/2, 4, 6, 8); 82 (V/1 – 8); 90 (VII/1, 2, 4, 8); 102 (X/4); 110 (XII/1, 2, 3, 4, 5, 6, 8); 114 (XIII/1, 2, 3, 4, 5, 7); 122 (XV/1); 124 (XVI/1 – 8); 134 (XVIII/3, 4, 5, 6, 8); 142 (XX/in 3); 176 (XXXII/6)

fest: 36 (14b/1 – 8); 42 (in 17f); 43 (18g); 47 (20e, 20f); 48 (in 21h); 60 (in 26h); 65 (29a/1, 2, 3, 4, 5, 6, 8); 76 (III/2, 3, 5, 8); 86 (VI/1); 92 (VIII/5); 96 (IX/1, 7); 118 (XIV/3); 122 (XV/5); 150 (XXId); 180 (XXXIV/1)

c) Strichstörungen (Störsymptome)

zart-fragil: 34 (12a/in 2, in 7, 12b/1, in 7); 36 (14a/in 1); 39 (16f, 16h); 42 (17h); 43 (18d); 47 (20c); 49 (21c, 21d); 54 (in 23d); 56 (in 24g); 64 (28a/in 1, in 8, 28b/1, in 7); 66 (30b/6, 8); 72 (II/in 1, in 3, 6); 106 (XI/8); 122 (XV/2, 8); 128 (XVII/2, in 6, 7, 8); 134 (XVIII/7); 138 (XIX/in 2, in 4); 142 (XX/in 5); 160 (XXIV/5, 6, 7, 8); 172 (XXX/1 – 6); 174 (XXXI/3, 4, 6, 7)

tonig-schwammig: 36 (14a/2, 6); 38 (15c, in 15d); 42 (in 17d); 43 (in 19h); 47 (in 20g); 54 (23c); 60 (26g); 96 (IX/3, 5); 118 (XIV/2, 6); 128 (XVII/5, in 7); 138 (XIX/in 1, in 4); 146 (XXIa, XXIb); 149 (XXIc); 150 (XXId); 166 (XXVII/4, 6)

scharf-hart: 36 (14b/1 – 8); 38 (15f); 39 (16e); 42 (17c, 17g); 43 (18e); 45 (19g); 47 (20e, 20f, in 20g); 50 (in 22f); 54 (23e); 58 (25e, 25g, 25h); 60 (26c, 26d); 78 (IV/in 1, in 3); 96 (IX/in 2, in 3, in 5); 122 (XV/5); 146 (XXIa, XXIb); 149 (XXIc); 150 (XXId); 168 (XXVIII/1 – 8)

fest-deftig: 36 (14a/in 5, 7, 8); 42 (in 17f); 43 (18g); 50 (22g); 72 (II/5); 76 (III/in 2, in 8); 86 (VI/in 1); 128 (XVII/in 4, in 6); 150 (XXId); 162 (XXV/1 – 8); 170 (XXIX/2, 4, 7)

gestückelt: 35 (13b/in 6); 38 (in 15f); 56 (24g); 58 (25h); 86 (VI/in 2, in 8); 96 (IX/in 2); 106 (XI/in 4); 149 (XXIc); 176 (XXXII/3)

fixierend geschwärzt: 43 (in 18f, in 18g); 45 (in 19e); 56 (24f); 58 (25g); 78 (IV/5); 118 (XIV/5, 7, 8); 122 (XV/4); 128 (XVII/in 1); 142 (XX/in 1, in 4, in 5); 150 (XXId); 168 (XXVIII/6); 174 (XXXI/2)

d) Flächenbehandlung

schattiert: 38 (15c); 39 (16g); 47 (20b); 50 (in 22h); 58 (25c); 62 (27/in 4); 64 (28b/2, 4, 6, 7, 8); 76 (III/2); 92 (VIII/3); 118 (XIV/4, 8); 138 (XIX/in 1, in 8); 166 (XXVII/4)

schraffiert: 34 (12b/in 2, 7); 38 (15d); 47 (20g); 60 (26c, 26h); 62 (27/in 3, in 7); 64 (28a/in 6); 86 (VI/4); 92 (VIII/3, 4, 6); 102 (X/in 4); 164 (XXVI/1); 166 (XXVII/7); 178 (XXXIII/3, 4)

konturiert: 34 (12a/4, 6); 35 (13a/1, 6, 8, 13b/6, 8); 38 (15g); 39 (16e); 42 (17h); 43 (18c); 50 (22c); 58 (25e); 64 (28b/1, 2, 8); 65 (29a/2, 6, 29b/1, 2); 76 (III/2); 124 (XVI/6, 8); 156 (XXII/1, 2); 158 (XXIII/1, 3, 6, 7)

gedunkelt: 36 (14/5, 7, 8); 42 (17f); 43 (in 18b); 50 (in 22h); 54 (23h); 60 (in 26g, 26h); 62 (27/in 4, in 6, in 8); 72 (II/5); 96 (IX/6); 102 (X/in 3, in 5, in 6); 118 (XIV/in 7); 128 (XVII/in 1); 142 (XX/in 2, in 3, in 4, in 6, in 8); 150 (XXId); 156 (XXII/4, 5); 158 (XXIII/4, 6); 164 (XXVI/8); 170 (XXIX/6, 8)

gerauht: 50 (22f); 164 (XXVI/2, 7); 166 (XXVII/3)

Graphologie des Jugendlichen
Von Ursula Avé-Lallemant

Band I: Längsschnitt-Analyse
204 Seiten, 56 S. Anhang, 594 Schrift- u. Zeichenbeispiele, (3-497-00545-2) Leinen

Zu den aufschlußreichsten graphologischen Ergebnissen gehört die Feststellung, daß im pubertären Schriftbild die Strichelastizität absinkt, jedoch mit der Erwerbung eigengeprägter Formqualität in der Adoleszenz wiedergewonnen wird. Auf das Verhältnis von Rhythmus und Formniveau als Grundbegriffe herkömmlicher Schriftdeutung fällt damit ein überraschendes Licht, das auch den Spannungsbezug zwischen Ausdruck und Darstellung neu zu überdenken nötigt. Insgesamt liegt der Interpretation die Unterscheidung des beobachtbaren Verhaltens vom innerseelischen Erleben zugrunde, deren Polarität eine anthropologische Sichtweise fordert, die beide Aspekte umgreift.

Band II: Eine Dynamische Graphologie
279 Seiten, 341 Abb., (3-497-01139-8) Leinen

Die Grundlegung einer Graphologie der Jugendhandschrift, deren systematischer Ausbau mit der »Graphologie des Jugendlichen, I« begonnen wurde, erhält mit diesem Buch ihre Abrundung, indem der Gesichtspunkt der Längsschnitt-Analyse durch den der Querschnitt-Analyse ergänzt wird. Wurde damals die phasentypische Wandlung der Handschrift durch die verschiedenen Stadien der Kindheits- und Jugendentwicklung in Längsschnitten herausgearbeitet, so sind jetzt die Konsequenzen für den Gesamtrahmen auszuleuchten, in dem sich die Handschrift als »Sukzessivgestalt« in den einzelnen Querschnitten der Lebensalter verwirklicht.

Band III: Straftäter im Selbstausdruck
194 Seiten, 150 Abb., (3-497-01278-5) Leinen

Die Autorin untersuchte junge Straftäter (überwiegend wegen Mordes verurteilt) mit der kleinen graphischen Testbatterie (Baum-Test, Wartegg-Zeichentest, Sterne-Wellen-Test, Handschrift-Analyse). Das Ergebnis der Untersuchungen rechtfertigt das Anliegen, vom kriminell Gewordenen ein individuelles Persönlichkeitsbild zu gewinnen, das eine Betreuung zukunftsbezogen fördert. Dieses Buch widerspricht der Ideologie des »geborenen Verbrechers«, es fordert aber auch intensiven Betreuungseinsatz im humanen und sozialen Interesse. Über die graphognostischen Tests und im Gespräch mit dem Häftling über die Auswertung seines Tests zeigten sich Ansätze zu konkreter Hilfe.

Ernst Reinhardt München Basel

Der Sterne-Wellen-Test
Von Ursula Avé-Lallemant
190 Seiten, 103 Abb., (3-497-00902-4) kart.

Dieser Test erlaubt schon im Kindergartenalter die Feststellung von Reifestadium, Störsymptomen und Charakteristika des Kindes. Diagnostisch ergänzt der Sterne-Wellen-Test die bisherigen graphischen Ausdrucksverfahren in mehrfacher Hinsicht. Die graphische Gestaltung macht die Grundelemente Formung und Bewegung, die in der Handschrift durchdringen, an Sternen und Wellen getrennt sichtbar. Entsprechendes gilt für die Auswertung von Zeichenstrich und Flächenbehandlung. Der Test bringt eine Erweiterung der diagnostischen Möglichkeiten für Lebensberatung, Therapie und Forschung. Besondere Chancen liegen in der frühen Diagnose von Entwicklungsretardierungen und psychischen Störungen, was es ermöglicht, Kinder vor Überforderungen wie z. B. verfrühter Einschulung zu schützen.

Baum-Tests
Von Ursula Avé-Lallemant
Mit einer Einführung in die symbolische und graphologische Interpretation
3. Auflage, 231 Seiten, 58 Abb., (3-497-01173-8) kart.

Daß der Baum von jeher als Symbol des Lebens galt, ist bekannt und anerkannt. Nicht so geläufig ist die Tatsache, daß sich im »Bild« des Baumes in Träumen und Zeichnungen die Eigenart eines individuellen Selbst eines Menschen widerspiegeln kann. Das geschieht nicht nur in Träumen, die die Tiefenpsychologie analytisch auszuwerten vermag, es ist auch von der Psychodiagnostik zur Grundlage eines »Baum-Tests« gemacht worden. Als Test hat die Baumzeichnung den Vorzug großer Einfachheit und Natürlichkeit; die Fragestellung ist schlicht die Aufforderung: »Zeichne einen Baum«. Das Arbeiten mit dem Baum-Test stellt allerdings besondere Ansprüche an Können und Redlichkeit des Diagnostikers.

Notsignale in Schülerschriften
Von Ursula Avé-Lallemant
96 Seiten, 105 Abb., (3-497-00986-5) kart.

Auf »Notsignale« im Ausdruck von Schülerschriften ist schon vor einem halben Jahrhundert von verantwortungsbewußten Graphologen – Minna Becker, Margret Hartge – hingewiesen worden. Hier liegen sie systematisch gegliedert und als abgegrenzter Teilbereich der Graphologie erlernbar vor. Dieses Buch ist aus einem Lehrauftrag der Pädagogischen Hochschule Freiburg i. Br. hervorgegangen, der unter dem Titel »Störsymptome in Schülerschriften« ausgeführt wurde. Ziel war es, die Teilnehmer mit den Möglichkeiten bekanntzumachen, welche die Jugendgraphologie für das Verstehen von Problemsituationen von Kindern und Jugendlichen bietet. Beim Auftreten von »Notsignalen« in der Handschrift braucht es sich durchaus noch nicht um eine »psychische Störung« zu handeln. Aber in der Handschrift zeigen sich Probleme und Nöte des Schülers an, deren rechtzeitige Diagnose das Entstehen einer psychischen Störung verhindern helfen kann.

Pubertätskrise und Handschrift
Von Ursula Avé-Lallemant
122 Seiten, 195 Abb., (3-497-01041-3) kart.

Die Pubertät wird meist als Belastung empfunden. Der Schüler wird zum Versager, im 6. bis 7. Schuljahr gibt es die meisten Sitzenbleiber. Die Lehrer klagen. Die Eltern seufzen. Die Psychologen begründen einsichtig. Aber haben wir alle Möglichkeiten ausgeschöpft, zu positiven Reaktionen zu finden? Eine solcher Möglichkeiten soll hier vorgestellt werden. Es geht darum, den Selbstausdruck des jungen Menschen zu verstehen, denn er zeigt uns mit der vorverbalen Sprache seines Ausdrucks an, daß jetzt seine Irritierung einsetzt, seine Ratlosigkeit beginnt. Die Autorin, die mehr als zehntausend Handschriften von Kindern und Jugendlichen auf entwicklungstypische Ausprägungen hin untersuchte und eine deutliche Profilierung der Pubertätskrise fand, zeigt hier den Schriftausdruck dieser Jahre auf. Die Entwicklung verläuft von der Kinderschrift über deren Zerfall zur neuen, wieder stabilen und nun differenzierten Handschrift. Eltern und Lehrer, Erzieher, Psychologen und Kinderärzte sollten typische Pubertätsschriften kennen.

Ernst Reinhardt München Basel